데이터베이스 스타트업

문혜경 지음

이 책은 현실 세계의 추상적인 데이터를 구체화시켜 컴퓨터로 데이터 문제를 해결하는 것을 한 번도 해 보지 않은 대학교 1학년 학생들을 위하여 데이터에 대한 기본 지식과 데이터베이스로 구체화 시키는 방법을 실제의 예를 들어 쉽게 설명하였다. 특히, 데이터베이스 설계를 실제적인 예를 들어 설명하고 데이터베이스 언어로 컴퓨터에서 데이터베이스를 직접 구현하고 구현한 결과를 제시하고 실습예제를 통하여 학생들이 직접 구현하게 함으로서 눈으로만 보는 것과 달리 손으로 직접 실행하는 학습 효과를 통하여 학생들로 하여금 컴퓨터로 데이터 문제를 해결 하는 능력을 갖추도록 하였다.

이 책은 다음과 같이 총 10장으로 이루어졌으며, 부록에는 SQL 응용 실습이 포함되어 있다.

1. 데이터베이스 개요
2. 데이터베이스 실습
3. 관계 데이터 모델링
4. 데이터베이스 설계
5. 정규화
6. SQL 테이블 생성 명령어
7. SQL 테이블 조작 명령어
8. 관계 명령어와 연산자
9. SQL 기본 함수
10. SQL 그룹 함수

부록

A. SQL 응용 실습 I

B. SQL 응용 실습 II

이 책이 완성되기까지 도움을 주신 많은 분들께 감사드립니다. 학과의 동료 교수님들과 특별히 교재의 단락을 명확하게 구분하여 논리적인 맥락으로 교재의 틀을 바로 잡아 주신 서장원 교수님께 감사의 말씀을 드립니다. 또한, 데이터베이스를 처음 접하는 학생들의 눈높이에 맞도록 교재의 내용에 대해 조언해 주신 최영철 교수님께 감사의 말씀드립니다.

끝으로, 이 책이 출판될 수 있도록 협조해 주신 도서출판 기한재의 김형근 사장님과 편집부 여러분들에게 감사의 말씀을 드립니다.

제1장 데이터베이스 개요/9

1.1 데이터베이스 정의 11
1.2 데이터베이스 시스템 12
1.3 데이터베이스 설치 17

제2장 데이터베이스 실습/25

2.1 SQL과 SQL*PLUS 개요 27
2.2 뷰(View) 34

제3장 관계 데이터 모델링/47

3.1 데이터 모델링 49
3.2 관계 데이터 모델링 54
3.3 관계 대수 59
3.4 무결성 제약조건 66

제4장 데이터베이스 설계/75

4.1 설계 생명주기 77
4.2 요구사항 분석 78
4.3 개념적 설계 79
4.4 논리적 설계 84
4.5 물리적 설계와 구현 88

제5장 정규화/91

5.1 이상 현상 ········ 93

5.2 함수 종속 ········ 95

5.3 정규화 과정 ········ 97

제6장 SQL 테이블 생성 명령어/101

6.1 DDL 명령어 ········ 103

6.2 테이블 생성 ········ 105

6.3 테이블 속성 변경 ········ 110

6.4 테이블 열 추가 ········ 113

6.5 테이블 제거 ········ 114

6.6 테이블 이름 변경 ········ 116

6.7 테이블 행 제거 ········ 117

제7장 SQL 테이블 조작 명령어/121

7.1 SELECT ········ 123

7.2 INSERT ········ 128

7.3 UPDATE/SET ········ 132

7.4 DELETE ········ 133

제8장 관계 명령어와 연산자/137

8.1 JOIN 139

8.2 VIEW 144

8.3 트랜잭션 관리 명령어 148

8.4 비교 연산자 150

8.5 논리 연산자 151

8.6 구문 연산자 152

제9장 SQL 기본 함수/161

9.1 숫자 함수 163

9.2 문자 함수 165

9.3 날짜 함수 170

9.4 형 변환 함수 173

제10장 SQL 그룹 함수/175

10.1 집계 함수 177

10.2 부속 질의_서브쿼리 181

부록/195

A. SQL 응용 실습 I 197

B. SQL 응용 실습 II 245

찾아보기/261

[제 1 장]

데이터베이스 개요

1.1 데이터베이스 정의

1.2 데이터베이스 시스템

1.3 데이터베이스 설치

1.1 데이터베이스 정의

데이터베이스는 컴퓨터에 저장된 데이터들을 통합하여 저장하고 관리하는 모임이다. 사용자가 원할 때마다 언제든지 바로 접근해서 자료를 찾을 수 있어야 하므로 실시간 접근이 가능하고 데이터의 삽입, 삭제, 갱신 작업으로 항상 최신의 데이터를 유지해야 하므로 계속적인 변화가 있다.

또한, 여러 사용자가 함께 쓸 수 있어야 하며 위치나 주소가 아닌 데이터의 내용 즉 값에 따라 참조할 수 있도록 내용에 의한 참조를 하게 되어 있다.

그러므로, 데이터베이스란 특정 조직이 업무 수행하는데 필요한 관련성 있는 자료들의 집합체를 의미한다.

데이터베이스에서 사용자가 기억해야 할 4가지 중요한 용어(Terminology)는 통합(Integrated) 데이터, 저장(Stored) 데이터, 운영(Operational) 데이터, 공용(Shared) 데이터이다.

1.2 데이터베이스 시스템

1.2.1 데이터베이스 시스템 도입 배경

1960년 데이터베이스 시스템이 도입되기 이전에는 운영체제의 파일 시스템이 사용되어 왔다. 운영체제 설치 시 파일시스템이 설치되므로 별도의 구입비용 없고 속도가 빠르나 응응프로그램에 파일 정의가 다 되어 있어 데이터 파일이 바뀔 때마다 각각의 응용프로그램의 데이터 파일 정의 또한 다 변경해주어야 하며 변경해 준 다음 다시 컴파일러를 해주어야 한다.

기존 데이터 파일에 필드 추가할 시에 응용 프로그램 데이터 정의의 동일한 필드 또한 추가해야 한다. 예를 들면 학생 파일(Student file)에 학점(Grade)을 추가하면 학생 성적관리 응용 프로그램과 학생 수강관리 응용 프로그램의 데이터 정의(Data Definition)에도 또한 학점(Grade) 필드를 추가해야 한다.

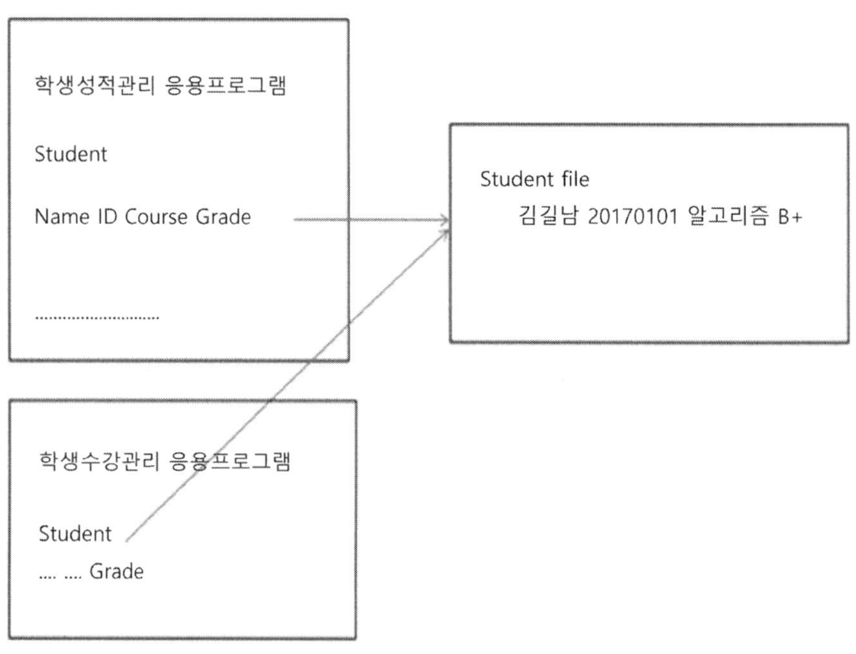

[그림 1.1] 데이터 파일 관리

이와 같이, 데이터 종속과 데이터 중복으로 인해 간단한 응용프로그램 외에 파일 시스템 사용 어려움이 있고 이에 파일 시스템의 문제점을 해결하고자 데이터베이스 시스템 도입되었다.

1.2.2 데이터베이스 시스템 개념

1. 데이터 독립성

기존 응용 프로그램에 영향을 주지 않고 데이터의 물리적인 구조를 변경할 수 있는 물리적 데이터 독립성과 데이터의 논리적 구조를 변경시키더라도 응용 프로그램은 변경되지 않는 논리적 데이터 독립성이 있다.

2. 데이터베이스 시스템

데이터베이스 시스템은 하위에 데이터베이스, 상위에 데이터베이스 사용자, 하위와 상위 사이에 데이터베이스 관리 시스템(DBMS : Database Management System)으로 구성되어 있다.

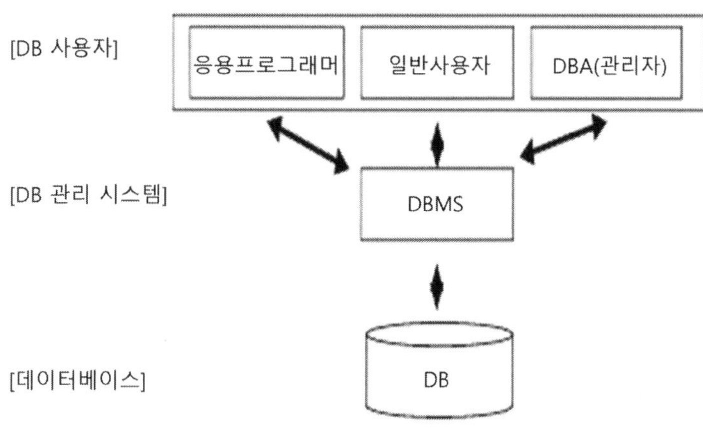

[그림 1.2] 데이터베이스 시스템 계층 구조

3. 데이터베이스 사용자

데이터베이스 사용자에는 응용 프로그래머와 일반 사용자, 데이터베이스 관리자(DBA : Database Administrator)로 구분되어 있다.

응용 프로그래머는 응용 프로그램을 개발하는 데이터 조작어의 주요 사용자이고, 응용 프로그래머가 작성한 프로그램을 사용자들이 사용하게 된다.

일반 사용자는 데이터베이스를 사용하는 사람이며 데이터 정의어와 데이터 조작어를 사용한다.

데이터베이스 관리자는 여러 조직의 여러 부분의 다른 요구를 만족시키기 위해서 일관성 있는 데이터베이스 스키마를 생성하고 유지하는 사람이다. 또한, 다양한 사용자들의 요구사항을 분석하고 평가해야 하며 이 결과에 따라 논리적인 구조인 데이터베이스 스키마를 결정해야 한다.

4. 데이터베이스 관리 시스템

데이터베이스 관리 시스템(DBMS : Database Management System)은 응용 프로그램 사용자와 데이터베이스 사이에서 사용자의 요구에 따라 데이터베이스를 생성, 관리해주는 소프트웨어이다. 다시 말해서, 응용 프로그램과 데이터베이스 사이의 중재자이다.

DBMS의 필수 기능으로 데이터베이스 정의와 조작과 제어가 있다. 데이터베이스 정의는 데이터베이스 자료형, 데이터 구조, 이용방법, 제약조건을 명시하고 다양한 응용 프로그램과 데이터베이스가 서로 인터페이스를 할 수 있는 방법을 제공한다.

특히, 데이터의 논리적 구조와 물리적 구조 사이의 변환이 가능하도록 두 구조 사이의 사상(Mapping)을 명세(Specification)를 수행한다.

데이터베이스 조작으로는 검색과 저장과 삭제와 갱신 기능이 있다. 제어는 데이터의 무결성과 보안 그리고 정확성과 병행수행과 안정성을 유지한다.

5. DBMS 언어

DBMS 언어로는 크게 데이터 정의어(DDL, Data Definition Language)와 데이터 조작어(DML,Data Manipulation Language)가 있다.

데이터 정의어에서는 사용자가 데이터 정의어를 사용하여 데이터베이스 스키마를 정의하고, 데이터 정의어로 명시된 문장이 입력되면 사용자가 정의한 스키마에 대한 명세를 시스템 카탈로그 또는 데이터 사전에 저장한다.

데이터 모델에서 지원하는 Data 구조 생성의 예는 다음과 같다.

```
SQL> Create table - 테이블 생성
SQL> Alter table - 테이블 구조 변경
SQL> Rename table - 테이블 이름 변경
SQL> Truncate table - 테이블의 데이터 삭제,
                      테이블의열(칼럼, 필드)의 정의는 삭제하지 않음
SQL> Drop table - 테이블 구조 삭제
```

데이터 조작어에서는 사용자가 데이터 조작어를 사용하여 데이터베이스 내의 원하는 데이터를 검색하고 수정하고, 삽입하고, 삭제한다. 데이터 조작에는 어떤 데이터가 필요하고 어떻게 데이터를 찾을 것인가를 명시하는 절차적 언어(procedural language)와 어떤 데이터를 원하는가만 명시하고 데이터를 검색하는 방법은 명시하지 않는 비절차적언어(non-procedural language)가 있다.

데이터 모델에서 지원하는 Data 조작 예는 다음과 같다.

```
SQL> Select - 데이터 검색
SQL> Update - 데이터 수정
SQL> Delete - 데이터 삭제
SQL> Insert - 데이터 삽입
```

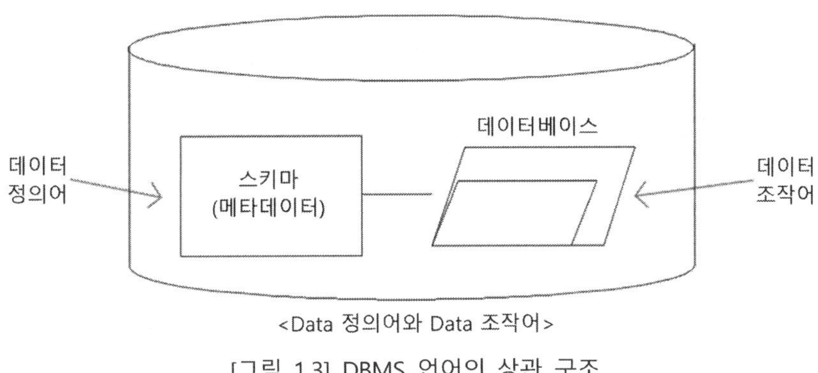

<Data 정의어와 Data 조작어>

[그림 1.3] DBMS 언어의 상관 구조

6. DBMS 특징

DBMS의 장점으로는 데이터 중복이 안되고 데이터의 무결성, 일관성, 최신의 데이터 유지, 데이터 표준화, 데이터를 통합하여 관리하고 공동으로 자료 이용하고 논리적 혹은 물리적 독립성 보장된다. 단점으로는 시스템과 자료처리가 복잡하고 전문가가 부족하며 접근할 때 오버헤드 발생한다.

대표적인 DBMS로는 오라클이 있으며 오라클에서는 개인 PC에서 대형 기종에 이르기까지 다양한 하드웨어와 운영체제 플랫폼을 지원하고 유닉스, 리눅스, 윈도우 등 대부분의 운영체제를 지원하며 표준 에디션 1(Standard Edition One), 표준 에디션, 엔터프라이즈 에디션(Enterprise Edition) 등 3가지 에디션으로 판매되고 있다.

개인용 에디션(Personal Edition)은 윈도우 OS 전용으로서, 단일 사용자 개발 및 배포 환경만 지원하고 전자상거래와 데이터 웨어하우징을 위한 고성능의 인터넷 플랫폼을 제공하고 사용자가 객체 관계 데이터베이스는 물론이고, 워드 프로세서 문서, 스프레드 시트 문서, 파워포인트로 작성한 발표 자료, XML, 그래픽스, 비디오 등과 같은 멀티미디어 데이터 타입 등을 관리할 수 있다.

온라인 트랜잭션 처리(OLTP, Online Transaction Processing), 데이터 웨어하우스, OLAP(Online Analytic Processing), 전자 상거래 등 최근에 등장하고 있는 데이터베이스의 중요한 응용 분야에도 활용할 수 있다.

오라클 DBMS는 오라클 서버와 한 오라클 인스턴스와 한 오라클 데이터베이스로 구성되어 있고 오라클 인스턴스는 백그라운드 프로세스들과 메모리 구조의 조합이고 사용자가 오라클 서버에 SQL 문장을 입력하기 전에 반드시 오라클 인스턴스에 연결되어 있어야 한다. 오라클 서버와 인스턴스는 접속(connection) 사용자 프로세스와 서버 프로세스 간의 통신 경로이다.

세션(session)은 사용자가 오라클 서버로부터 인증될 때부터 시작하여 사용자가 로그아웃을 하거나 비정상적으로 종료될 때까지 지속해야 한다.

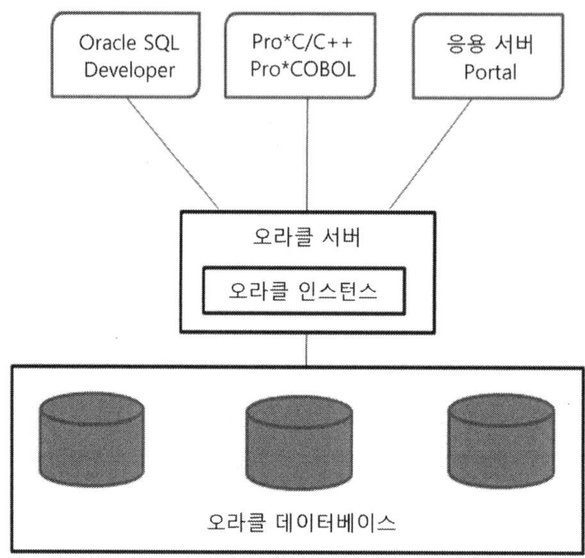

[그림 1.4] 오라클 데이터베이스의 구성

1.3 데이터베이스 설치

1.3.1 오라클 SQL*PLUS 설치하기

- 오라클11g personal edition(개인용 에디션) 설치
- OS : 윈도우7 이상 환경
- 오라클 홈페이지의 software download site에 접속하여 다운로드
  http://www.oracle.com/technetwork/indexes/downloads/index.html#database

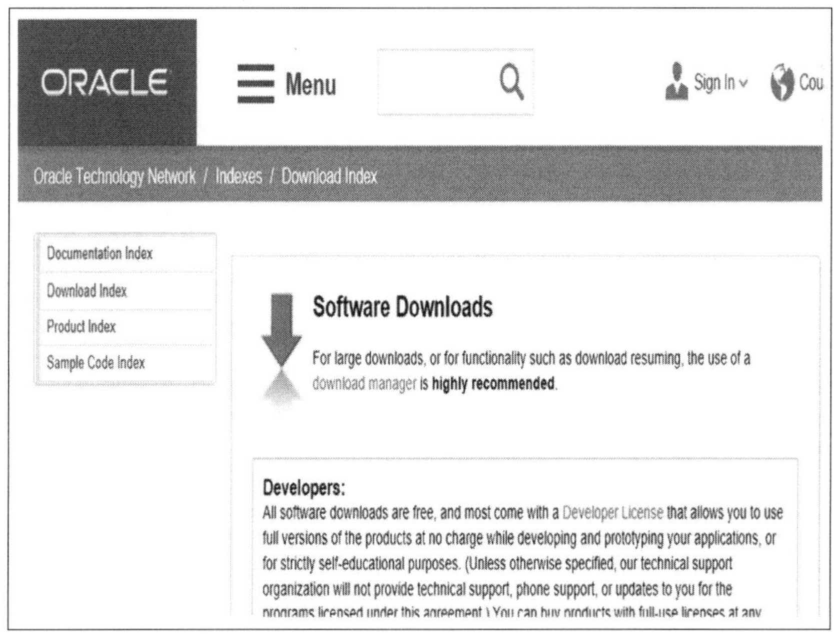

* 주의 : 무료 Download 받기 전에 반드시 Sign In을 통해 계정을 만든다.
오라클에 회원으로 가입한 계정이 없으면 다운로드 할 수 없다.

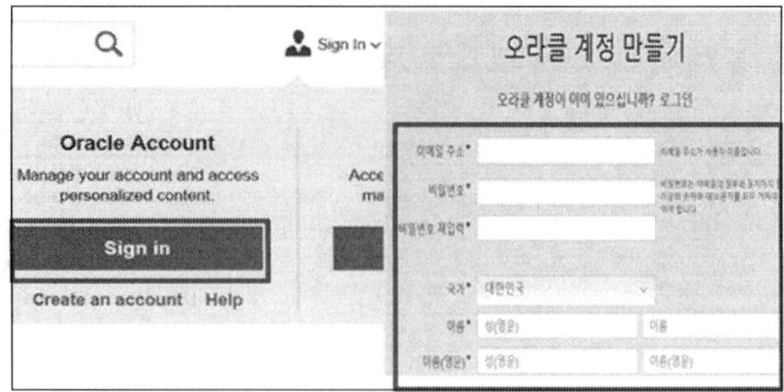

- Database 11g Enterprise/Standard Editions 선택
- Microsoft Windows 32bits 당 File 2개 선택/설치

 * 주의 : File 2개 설치하기 전에 Accept License Agreement에 클릭하여야 한다.

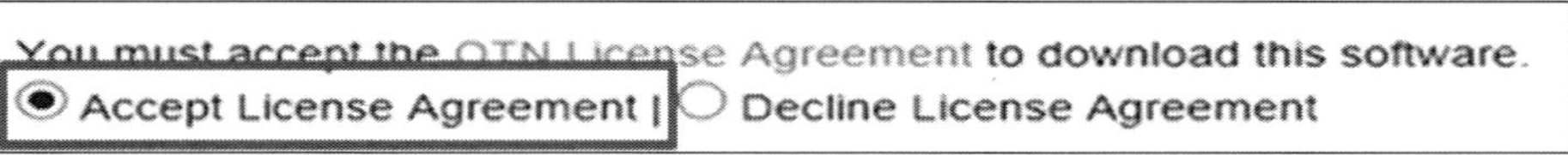

- 실제 zip 파일 설치 시에도 accept license agreement에 클릭하여야 한다.

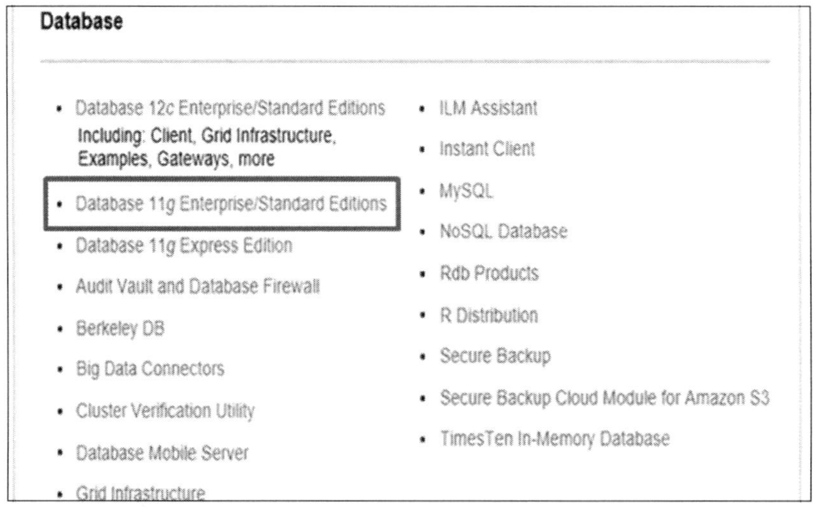

- 실제 zip 파일 download할 때 로그인을 한 후 download한다.

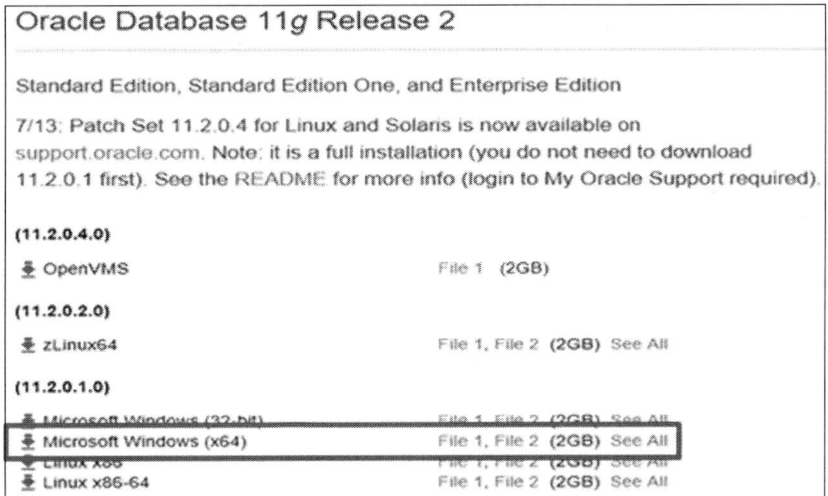

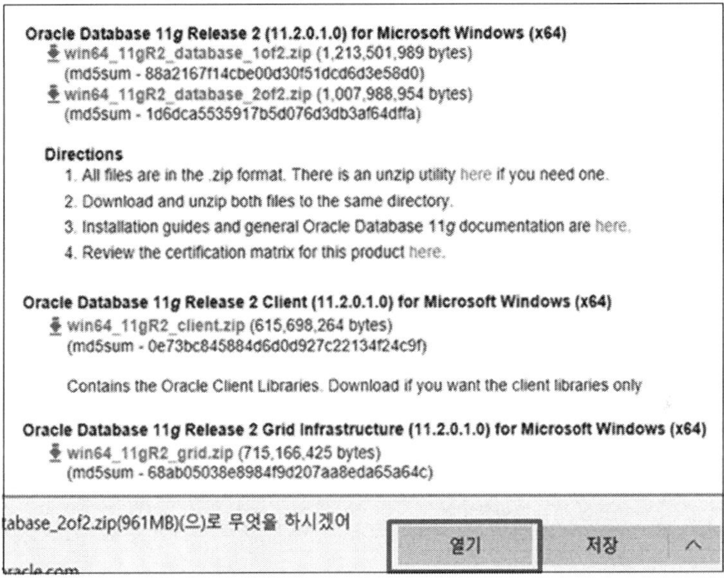

- 첫 번째 download한 파일을 새로 만든 database 폴더에 넣고 download한 파일을 압축 해제한다.
- 그리고, 두 번째 download한 파일을 압축해제하고, 압축 해제한 파일을 database 폴더에 복사해서 넣는다.
- database폴더에 있는 setup.exe file을 클릭하여 setup을 시작한다.

로컬 디스크 (C:) › oracledb › win32_11gR2_database_1of2 › database ›

이름	수정한 날짜	유형
doc	2017-10-26 오전...	파일 폴더
install	2017-10-26 오전...	파일 폴더
response	2017-10-26 오전...	파일 폴더
stage	2017-10-26 오전...	파일 폴더
setup	2010-03-12 오전...	응용 프로그램
welcome	2010-03-02 오후...	HTML 파일

1.3.2 SQL*PLUS 로그인하기

Oracle Database를 설치하였으면 이를 사용하기 위해 SQL*PLUS 명령어로 접속을 시도해야 한다.

데이터베이스 접속을 시도하면 Oracle Database를 사용할 수 있는 사용자 인지를 검증하기 위해서 사용자명과 암호를 묻는다. 데이터베이스 사용자는 오라클 계정과 같은 의미로 사용된다. 오라클을 설치하면 한개 이상의 데이터베이스 권한을 갖는 디폴트 사용자가 존재한다. 오라클 계정을 사용하는 계정은 [표 1.1]과 같다. 여기서 암호는 디폴트 암호이다.

[표 1.1] 오라클 계정 사용하기

사용자계정	암호	설명
SYS	DBAdmin2010	오라클 Super 사용자 계정이며 데이터베이스에 발생하는 모든 문제들을 처리할 수 있는 권한을 가지고 있는 계정이다(DBA).
SYSTEM	DBAdmin2010	오라클 데이터베이스를 유지보수 관리할 때 사용하는 계정이다. (DBA–DatabaseAdministrator)
SCOTT	SCOTT	처음 오라클을 사용하는 사용자를 위해 만들어 놓은 사용자계정이다(교육용 계정).
HR	HR	교육용계정

1.3.3 오라클 접속 방법

오라클 DBMS의 접속 방법은 단계별로 다음과 같다.

- C:₩>sqlplus 사용자명/암호
- SCOTT 계정으로 접속하는 문법
- C:₩>sqlplus scott/[오라클 설치 시 입력했던 암호]
- SCOTT 계정으로 접속한 상태에서 HR 계정으로 접속하는 방법
- SQL>connect hr/[오라클 설치 시 입력했던 암호]

- 오라클 11g SQL*PLUS로 로그인하기
- [시작]-[실행] 메뉴를 선택한 후 "cmd" 입력 후 확인 버튼 누르기
- 루트 디렉토리로 이동하기 : CD ₩
- Sql*Plus를 실행하기 위해서 SCOTT계정으로 접속하기
- C:₩>sqlplus scott/[오라클 설치 시 입력했던 암호]
- 접속된 유저 확인하기 : SQL> show user
- SCOTT 계정으로 접속한 상태에서 HR 계정으로 접속하는 방법
- SQL>connect hr/[오라클 설치 시 입력했던 암호]
- HR 계정으로 접속이 되었는지 확인하기 : SQL> show user
- 오라클 서버 나가기 : SQL> exit

여기서는 아래와 같은 방법으로 접속하여 SQL*PLUS 실행을 한다.

- SQL*PLUS 실행
- [시작] → [모든 프로그램] → [Oracle – OraDb11g_home1 → [SQL Plus] 클릭

- 오라클 계정을 입력한다.
- 사용자명 : SYSTEM

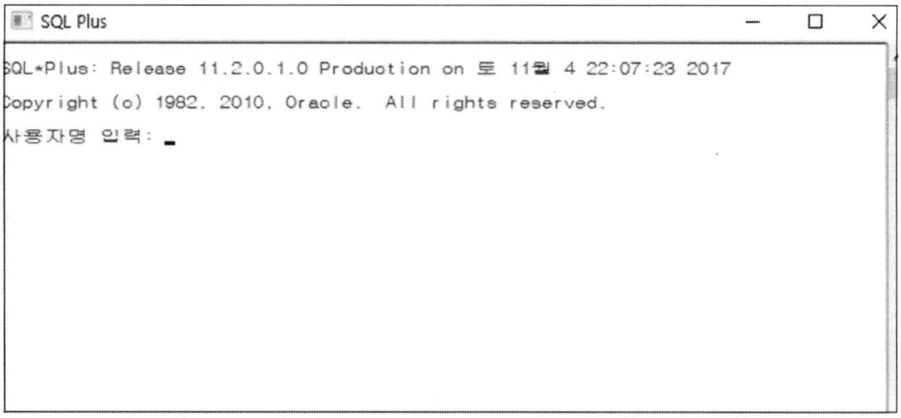

```
SQL Plus

SQL*Plus: Release 11.2.0.1.0 Production on 토 11월 4 22:07:23 2017
Copyright (c) 1982, 2010, Oracle.  All rights reserved.
사용자명 입력: _
```

- 여기서 암호는 오라클 데이터베이스를 유지보수 관리할 때 사용하는 관리자(SYSTEM)의 암호이다.
- 비밀번호 : DBAdmin2010

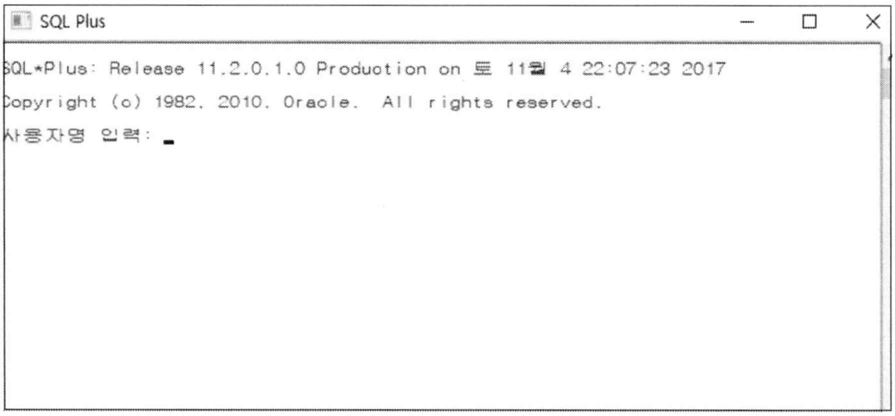

```
SQL Plus

SQL*Plus: Release 11.2.0.1.0 Production on 토 11월 4 22:07:23 2017
Copyright (c) 1982, 2010, Oracle.  All rights reserved.
사용자명 입력: _
```

연습문제

[문제 1] 데이터베이스의 도입 배경에 대해 설명하시오.

[문제 2] DMBS의 정의와 필수 기능 세 가지를 각각 설명하시오.

[문제 3] 오라클 서버와 인스턴스에 대해 각각 설명하시오.

[제 2 장]

데이터베이스 실습

2.1 SQL과 SQL*PLUS 개요
2.2 뷰(View)

2.1 SQL과 SQL*PLUS 개요

데이터를 관리하는 시스템인 데이터베이스의 데이터는 물리적인 형태로 저장 되어 있지만 이 데이터의 파일은 직접 열어서 파일을 보는 것이 아니다. SQL이라는 질의 언어(query language)를 통해 데이터베이스에 저장된 데이터를 조회, 입력, 수정, 삭제하는 등의 조작이나 테이블(Table), 뷰(Views), 연속(Sequence), 절차(Procedure)의 다양한 객체들을 생성하고 제어한다.

2.1.1 SQL 명령어

SQL은 데이터베이스에서 자료를 검색하고 수정하고 삭제하는 등을 위한 데이터베이스 언어이며, 관계 데이터베이스를 처리하기 위해 고안된 언어이다. 또한, 독자적인 문법을 갖는 ISO에 의해서 지정된 데이터베이스 표준 언어이다. 대다수 데이터베이스는 SQL 명령어를 사용하여 데이터를 조회, 입력, 수정, 삭제한다.

SQL 명령문의 종류로는 다음과 같은 것들이 있다.

- 데이터 정의어(DDL : Data Definition Language)
- 데이터 조작어(DML : Data Manipulation Language)
- 데이터 제어어(DCL : Data Control Language)
- 트랜젝션 처리어(TCL : Transaction Control Language)

유형별로 정리한 SQL 명령문의 내용은 다음의 [표 2.1]과 같다.

[표 2.1] SQL 명령문

유형	명령문
데이터 정의어(DDL)	CREATE, ALTER, DROP, RENAME, TRUNCATE
데이터 조작어(DML)	SELECT, INSERT, UPDATE, DELETE
데이터 제어어(DCL)	COMMIT, ROLLBACK, SAVEPOINT
트랜젝션 처리어(TCL)	GRANT, REVOKE

2.1.2 SQL*PLUS 명령어

툴에서 출력 형식을 지정하는 등 환경을 설정한다. SQL 명령문을 저장하거나 편집 기능을 제공한다. 컬럼이나 데이터의 출력 형식을 지정하며, 환경을 설정하는 기능을 포함한다. SQL문을 실행시키고 그 결과를 볼 수 있도록 Oracle에서 제공하는 툴이다.

[표 2.2] SQL 명령문과 SQL*PLIS 명령문의 비교

SQL 명령문	SQL*PLUS 명령문
관계형 데이터베이스의 ANSI 표준 언어	SQL을 실행시킬 수 있는 오라클의 툴
여러 줄 실행	한 줄 실행
종결문자(;) 필요	종결문자(;) 필요
연결문자 불필요	연결문자(-) 필요
키워드 단축 불가	키워드 단축 가능
버퍼에 마지막 명령문 저장	버퍼 저장 안함

데이터 정의어에는 CREATE, ALTER, DROP, RENAME, TRUNCATE 문이 있다.

1. CREATE 문

새로운 테이블을 생성할 때 사용한다.

아래 예시는 학생 ID(id), 학생이름(name), 주소(address)로 구성된 신규학생 테이블(new_student)을 새롭게 생성한다.

```
SQL> CREATE TABLE new_student (id NUMBER(10), name
      VARCHAR2(20), address VARCHAR2(20));
```

```
SQL> create table new_student(id number(10), name varchar2(20), address varch
테이블이 생성되었습니다.
```

2. ALTER 문

기존의 테이블을 변경할 때 사용한다.

아래 예시는 컬럼이 하나 추가되거나 컬럼의 크기를 변경해야 할 경우 ALTER TABLE 명령어를 사용한다. 신규학생 테이블(new_student)의 학생 이름(NAME) 컬럼의 크기를 10으로 변경하고자 한다.

```
SQL> alter table new_student modify (name varchar2(10));
```

```
SQL> alter table new_student modify (name varchar2(10)):
테이블이 변경되었습니다.
```

3. RENAME 문

기존의 테이블의 이름을 변경할 때 사용한다.

신규학생테이블(new_student)의 이름을 new_student_info로 변경하고자 한다.

```
SQL> RENAME new_student TO new_student_info;
```

```
SQL> RENAME new_student TO new_student_info;
테이블 이름이 변경되었습니다.
```

변경 후 기존 신규학생 테이블(new_student)의 데이터를 검색한다. 조회 결과 신규학생 테이블(new_student)명이 신규학생 정보 테이블(new_student_info)로 변경되었으므로 테이블이 존재하지 않는다는 결과가 조회된다.

```
SQL> select * from new_student;
select * from new_student
              *
1행에 오류:
ORA-00942: 테이블 또는 뷰가 존재하지 않습니다
```

신규학생 정보(new_student_info) 테이블의 구조를 DESC로 알아본다. 이 명령으로 테이블에 열이 어떻게 정의되어 있는지 알 수 있다. 참고로, DESC는 SQL명령은 아니다.

```
SQL> desc new_student_info;
 이름                                       널?      유형
 ------------------------------------------ -------- ----------------
 ID                                                  NUMBER(10)
 NAME                                                VARCHAR2(10)
 ADDRESS                                             VARCHAR2(20)
```

신규학생 정보(new_student_info) 테이블로 변경되었다.

```
SQL> select * from new_student_info;

        ID NAME       ADDRESS
---------- ---------- --------------------
  20170102 김상일     경기 정왕동
```

4. TRUNCATE 문

객체내의 데이터를 삭제할 때 사용한다.

DML의 DELETE 문과의 차이점은 TCL의 ROLLBACK으로 삭제하기 이전 상태로 되돌릴 수 없다는 것이다.

다음의 구문은 신규학생정보(new_student_info) 테이블의 모든 내용을 제거하고자 한다.

```
SQL> TRUNCATE TABLE new_student_info;
```

```
SQL> TRUNCATE TABLE new_student_info:
테이블이 잘렸습니다.
```

TRUNCATE명령어는 테이블의 데이터만 삭제하고 열(칼럼, 필드)의 정의는 삭제하지 않는다.

```
SQL> seleot * from new_student_info:
선택된 레코드가 없습니다.
SQL> deso new_student_info:
 이름                                    널?      유형
 --------------------------------------- -------- ----------------
 ID                                               NUMBER(10)
 NAME                                             VARCHAR2(10)
 ADDRESS                                          VARCHAR2(20)
```

5. DROP 문

기존 테이블을 삭제할 때 사용한다.

테이블의 내용과 구조 자체를 모두 제거한다. 아래의 구문은 신규학생정보(new_student_info) 테이블을 제거하고자 한다.

```
SQL> DROP new_student_info;
```

```
SQL> drop table new_student_info:
테이블이 삭제되었습니다.
```

신규학생정보(new_student_info) 테이블의 데이터와 열(컬럼, 필드) 정의가 삭제되었다.

```
SQL> desc new_student_info:
ERROR:
ORA-04043: new_student_info 객체는 존재하지 않습니다.

SQL> select * from new_student_info:
select * from new_student_info
              *
1행에 오류:
ORA-00942: 테이블 또는 뷰가 존재하지 않습니다
```

데이터 조작어에는 SELECT, INSERT, UPDATE, DELETE 문이 있다.

1. SELECT 문

SQL에서 테이블에 저장된 데이터를 조회하는데 가장 기본적인 문법이다.

테이블명이 STUDENT인 학생 정보의 데이터를 조회하고자 한다. 이때 주의할 점은 SELECT 문을 통해 테이블의 내용을 보려면 CREATE 문과 INSERT 문을 사용하여 TABLE과 Table의 Data가 생성되어 있어야 한다.

```
SQL> SELECT * FROM STUDENT;
```

```
SQL> select * from student:
선택된 레코드가 없습니다.
```

* Remark : student 테이블과 테이블 데이터가 생성되어 있지 않아 'select * from student;' 명령문을 입력하면 "선택된 레코드가 없습니다."라는 결과가 출력된다.

CREATE 문과 INSERT 문을 통해 신규학생(new_student) 테이블과 테이블 데이터를 생성한 다음 select 명령문을 다시 실행 해 본다.

2. INSERT 문

새로운 데이터를 삽입할 때 사용한다.

new_student(신규학생테이블)에 나원일과 김상일 학생의 정보(학생 ID, 학생이름, 조소)를 각각 입력한다.

* Remark : 새로운 데이터를 삽입할 때 새로운 데이터를 포함 시킬 테이블이 반드시 생성되어 있어야 한다.

```
SQL> INSERT INTO DEPT VALUES(20170101, '나원일', '서울 논현동');
```

```
SQL> insert into new_student values(20170101. '나원일'. '서울 논현동'):
1 개의 행이 만들어졌습니다.
```

```
SQL> INSERT INTO DEPT VALUES(20170102, '김상일', '경기 정왕동');
```

```
SQL> insert into new_student values(20170102, '김상일', '경기 정왕동'):
1 개의 행이 만들어졌습니다.
```

```
SQL> SELECT * FROM NEW_STUDENT;
```

```
SQL> select * from new_student:

        ID NAME                 ADDRESS
---------- -------------------- --------------------
  20170101 나원일               서울 논현동
  20170102 김상일               경기 정왕동
```

3. UPDATE 문

기존의 데이터를 변경할 때 사용한다.

신규학생 테이블(new_student)에서 학생 id가 20170101인 레코드에 주소를 '서울 역삼동'으로 변경하고자 한다.

```
SQL> UPDATE new_student SET ADDRESS='강남 역상동' WHERE id=20170101;
```

```
SQL> update new_student set address='강남 역삼동' where id=20170101:
1 행이 갱신되었습니다.
```

SELECT * from new_student; id가 20170101인 주소를 '강남 논현동'에서 '강남 역삼동'으로 변경하였고, 이에 변경된 결과를 조회한다.

```
SQL> SELECT * FROM NEW_STUDENT;
```

```
SQL> DELETE FROM new_student where id=20170101:
1 행이 삭제되었습니다.
```

4. DELETE 문

기존의 데이터를 삭제할 때 사용한다.

신규학생테이블(new_student)에서 학생 id가 20170101인 레코드를 삭제하고자 한다.

```
SQL> DELETE FROM new_student where id=20170101;
```

```
SQL> DELETE FROM new_student where id=20170101;
1 행이 삭제되었습니다.
```

삭제 후 결과를 조회한다.

```
SQL> SELECT * FROM_STUDENT;
```

```
SQL> select * from new_student;
        ID NAME                          ADDRESS
---------- ----------------------------- ----------------
  20170102 김상일                        경기 정왕동
```

2.2 뷰(View)

실제로 존재하는 테이블이 아닌 가상 테이블로 뷰는 논리적으로만 존재하면서 일반 테이블과 동일한 방법으로 사용할 수 있다. 실제로 존재하는 테이블인 기본 테이블을 기준으로 뷰가 만들어진다. 또한, 다른 뷰를 기준으로 새로운 뷰도 만들 수 있다.

여기에서는 기본테이블 기준으로 만들어지는 뷰에 대해서 간략하게 살펴보고자 한다.

2.2.1 뷰 생성 및 제거

먼저, 기본테이블을 생성하고 기본테이블에 데이터를 삽입한다.

[new_student]

ID	이름
201701	나원일
201702	김상민
201703	정민호

[enroll_course]

ID	과목번호
201701	cs210
201702	cs211
201703	cs212

- new_student 테이블과 enroll_course 테이블을 각각 생성한다.

```
SQL> CREATE TABLE new_student (ID NUMBER(10), 이름 VARCHAR2(10));
```

```
SQL> CREATE TABLE new_student (ID NUMBER(10), 이름 VARCHAR2(10));
테이블이 생성되었습니다.
```

```
SQL> CREATE TABLE enroll_new (ID NUMBER(10), 과목번호 VARCHAR2(10));
```

```
SQL> CREATE TABLE enroll_new (ID NUMBER(10), 과목번호 VARCHAR2(10));
테이블이 생성되었습니다.
```

- new_student 테이블의 데이터를 삽입한다.

```
SQL> INSERT INTO new_student VALUES (201701, '나원일');
SQL> INSERT INTO new_student VALUES (201702, '김상민');
SQL> INSERT INTO new_student VALUES (201703, '정민호');
```

```
SQL> insert into new_student values(201701, '나원일');
1 개의 행이 만들어졌습니다.
SQL> insert into new_student values(201702, '김상민');
1 개의 행이 만들어졌습니다.
SQL> insert into new_student values(201703, '정민호');
1 개의 행이 만들어졌습니다.
```

- enroll 테이블의 데이터를 삽입한다.

```
SQL> INSERT INTO enroll VALUES (201701, 'cs210');
SQL> INSERT INTO enroll VALUES (201702, 'cs211');
SQL> INSERT INTO enroll VALUES (201703, 'cs213');
```

```
SQL> INSERT INTO enroll_new VALUES (201701, 'cs210');
1 개의 행이 만들어졌습니다.
SQL> INSERT INTO enroll_new VALUES (201702, 'cs211');
1 개의 행이 만들어졌습니다.
SQL> INSERT INTO enroll_new VALUES (201703, 'cs212');
1 개의 행이 만들어졌습니다.
```

위와 같이 기본 테이블을 만든 다음, 기본테이블을 기준으로 뷰를 생성한다. 그런 후에, 신규 신청 뷰를 생성해 본다. WITH CHECK OPTION은 생성한 뷰에 삽입이나 수정연산을 할 때 SELECT문에서 제시한 뷰의 정의 조건을 위반하면 수행되지 않도록 하는 제약조건이며 생략 가능하다.

뷰는 SELECT 명령을 기록하는 데이터베이스 객체이기 때문에 AS를 생략해서는 안 된다.

```
SQL> CREATE VIEW 수강과목 AS SELECT new_student.ID, new_student.이름,
enroll_new.과목번호 FROM new_student, enroll_course WITH CHECK OPTION;
```

```
SQL> create view 수강과목 as select new_student.id, enroll.과목번호 from new_s
뷰가 생성되었습니다.
```

- 신규신청 뷰를 생성한 후에 조회를 한다.

```
SQL> SELECT * FROM 신규신청;
```

```
SQL> select * from 수강과목;

        ID 과목번호
---------- ----------
    201701 os210
    201702 os210
    201703 os210
```

- 수강과목_test 뷰를 새로 생성한 후에 신규 데이터를 삽입한다.

```
SQL> CREATE  VIEW 수강과목_test AS  SELECT ID, 과목번호 FROM ENROLL_NEW WITH  CHECK
OPTION;
```

```
SQL> create view 수강과목_test  as select id, 과목번호 from  enroll_new with ch

뷰가 생성되었습니다.
```

- 수강과목_test 뷰를 조회한다.

```
SQL> SELECT * FROM 수강과목_test;
```

```
SQL> select * from 수강과목_test;

        ID 과목번호
---------- ----------
    201701 os210
    201702 os211
    201703 os212
```

```
SQL> INSERT  INTO 수강과목_test VALUES(201704, 'cs213');
```

```
SQL> insert into 수강과목_test values (201704, 'os213');

1 개의 행이 만들어졌습니다.
```

- 수강과목_test에 신규 데이터 삽입 한 후에 수강과목_test 뷰를 조회한다.

```
SQL> SELECT * FROM 수강과목_test;
```

```
SQL> select * from 수강과목_test;

        ID 과목번호
---------- --------
    201701 os210
    201702 os211
    201703 os212
    201704 os213
```

- 수강과목_test 뷰를 삭제한다.

```
SQL> DROP VIEW 수강과목_test;
```

```
SQL> drop view 수강과목_test;

뷰가 삭제되었습니다.
```

- 삭제한 수강과목_test 뷰를 조회한다.

```
SQL> SELECT * FROM 수강과목_test;
```

```
SQL> select * from  수강과목_test;
select * from  수강과목_test
               *
1행에 오류:
ORA-00942: 테이블 또는 뷰가 존재하지 않습니다
```

2.2.2 트랜잭션 제어어(TCL)

트랜잭션 제어어에는 COMMIT, ROLLBACK, SAVEPOINT, Auto COMMIT 문이 있으며, 데이터베이스에서 하나의 논리적 기능을 수행하는 연산자들의 집합이다.

사용자에 의해 구성된 여러 개의 문장의 트랜잭션은 반드시 동시에 실행 또는 취소된다. 트랜잭션을 통해 작업의 단위를 결정함으로써 작업 결과의 신뢰성이 회복된다.

트랜잭션은 DDL과 DCL 문장이 실행되고 난후 자동으로 종료하는 반면 DML의 경우 반드시 Commit과 Rollback으로 종료해야 한다.

1. COMMIT

SQL 명령어를 수행한 결과를 실제 물리적 디스크로 저장하는 명령어이고, 변경된 내용을 영구 저장할 때 사용한다. 이때, 모든 DML(INSERT, UPDATE, DELETE 등) 문장을 수행한 후 작업을 완료할 때 반드시 필요하다.

2. ROLLBACK

트랜잭션의 실행을 취소하였음을 알리는 연산자로 트랜잭션이 수행하는 결과를 원래의 상태로 원상 복귀시키는 연산이다. 변경되기 이전 상태로 되돌릴 때 사용한다. 모든 DML(INSERT, UPDATE, DELETE 등) 문장을 수행한 후 작업을 취소할 때 반드시 필요하다.

3. SAVEPOINT

특정 위치까지는 영구 저장 혹은 이전 상태로 되돌릴 수 있도록 트랜잭션 중에 저장 지점을 만들 때 사용한다.

4. Auto COMMIT

DDL(CREATE, DROP 등)을 사용할 때는 Auto COMMIT이 적용된다. 따로 COMMIT을 지정할 필요가 없다.

2.2.3 데이터 조작어 실습

DML문 처리를 통해 TCL COMMIT, ROLLBACK, SAVEPOINT, Auto COMMIT 문을 실행해 보고자 한다.

TRANSAC 신규 테이블의 생성하고 데이터를 하나씩 추가하면서 ROLLBACK과 SAVE POINT 명령문을 실행해 본다. ROLLBACK은 추가한 데이터를 영구히 물리적으로 삭제한다.

- 신규테이블 TRANSAC을 생성한다.

```
SQL> CREATE TABLE TRANSAC (ID NUMBER(10),
                           NAME VARCHAR2(20),
                           SAVING_ACCOUNT NUMBER(10),
                           SAVING_AMOUNT NUMBER(10));
```

```
SQL> CREATE TABLE TRANSAC (ID NUMBER(10),
  2                        NAME VARCHAR2(20),
  3                        SAVING_ACCOUNT NUMBER(10),
  4                        SAVING_AMOUNT VARCHAR2(20));

테이블이 생성되었습니다.
```

- TRANSAC 신규 테이블의 데이터를 삽입한다.

```
SQL> INSERT INTO TRANSAC VALUES(19661201, '홍길삼', 1111, 5400);
SQL> INSERT INTO TRANSAC VALUES(19610111, '김길삼', 2222, 2300);
SQL> INSERT INTO TRANSAC VALUES(19580901, '길기연', 3333, 3300);
```

```
SQL> INSERT INTO TRANSAC VALUES(19661201, '홍길삼', 1111, 5400);
1 개의 행이 만들어졌습니다.
SQL> INSERT INTO TRANSAC VALUES(19610111, '김길삼', 2222, 2300);
1 개의 행이 만들어졌습니다.
SQL> INSERT INTO TRANSAC VALUES(19580901, '길기연', 3333, 3300);
1 개의 행이 만들어졌습니다.
```

- SAVEPOINT S1을 지정한다.

```
SQL> SAVEPOINT S1;
```

```
SQL> SAVEPOINT S1;
저장점이 생성되었습니다.
```

- 데이터를 하나 더 추가한다.

```
SQL> INSERT INTO TRANSAC VALUES(19780308, '유성삼', 4444, 5600);
```

```
SQL> INSERT INTO TRANSAC VALUES(19780308, '유성삼', 4444, 5600);
1 개의 행이 만들어졌습니다.
```

- S1으로 ROLLBACK한다.

```
SQL> ROLLBACK TO S1;
```

```
SQL> ROLLBACK TO S1;
롤백이 완료되었습니다.
```

- TRANSAC 테이블을 조회한다(S1으로 정상 ROLLBACK 된다.).

```
SQL> SELECT * FROM TRANSAC;
```

```
SQL> SELECT * FROM TRANSAC;
        ID NAME                           SAVING_ACCOUNT SAVING_AMOUNT
---------- ------------------------------ -------------- -------------
  19661201 홍길삼                                   1111 5400
  19610111 김길삼                                   2222 2300
  19580901 김기언                                   3333 3300
```

- 전체 ROLLBACK한다.

```
SQL> ROLLBACK;
```

```
SQL> ROLLBACK;
롤백이 완료되었습니다.
```

- 전체 ROLLBACK이 완료 되었는지 조회한다(전체 ROLLBACK 완료한다.).

```
SQL> SELECT * FROM TRANSAC;
```

```
SQL> SELECT * FROM TRANSAC;
선택된 레코드가 없습니다.
```

- S1으로 ROLLBACK 불가능하며, 오류가 발생한다.

```
SQL> ROLLBACK TO S1;
```

```
SQL> ROLLBACK TO S1;
ROLLBACK TO S1
*
1행에 오류:
ORA-01086: 'S1' 저장점이 이 세션에 설정되지 않았거나 부적합합니다.
```

ROLLBACK과 SAVEPOINT 명령문을 실행하여 삽입한 데이터를 영구히 삭제한 후에 다시 추가하여 COMMIT 명령문을 통해 영구히 저장하고자 한다.

- 신규 데이터를 추가한다.

```
SQL> INSERT INTO TRANSAC VALUES(19450307, '하길남', 5555, 2300);
```

```
SQL> INSERT INTO TRANSAC VALUES(19450307, '하길남', 5555, 2300);
1 개의 행이 만들어졌습니다.
```

- 하나를 더 추가한다.

```
SQL> INSERT INTO TRANSAC VALUES(19781204, '나홀로', 6666, 4400);
```

```
SQL> INSERT INTO TRANSAC VALUES(19781204, '나홀로', 6666, 4400);
1 개의 행이 만들어졌습니다.
```

- 데이터베이스에 TRANSAC 테이블을 저장한다.

```
SQL> COMMIT;
```

```
SQL> COMMIT;
커밋이 완료되었습니다.
```

- 데이터 하나를 더 추가한다.

```
SQL> INSERT INTO TRANSAC VALUES(19890103, '강길남', 777, 5400);
```

```
SQL> INSERT INTO TRANSAC VALUES(19890103, '강길남', 777, 5400);
1 개의 행이 만들어졌습니다.
```

- COMMIT 이전으로는 ROLLBACK이 불가능하다는 것을 보여주기 위해 ROLLBACK을 실행한다.

```
SQL> ROLLBACK;
```

```
SQL> ROLLBACK;
롤백이 완료되었습니다.
```

- TRANSAC 테이블을 조회한다. 새로 2개 데이터 추가한 것은 COMMIT으로 영구저장 하였기 때문에 ROLLBACK은 3번째 데이터에만 적용되어 3번째 데이터 추가한 것은 취소되었다.

```
SQL> SELECT * FROM TRANSAC;
```

```
SQL> SELECT * FROM TRANSAC;

        ID NAME                 SAVING_ACCOUNT SAVING_AMOUNT
---------- -------------------- -------------- --------------------
  19450307 하길남                         5555 2300
  19781204 나홀로                         6666 4400
```

- DDL 명령어를 이용하여 테이블을 삭제하게 함으로 자동 COMMIT을 수행하고자 한다. DDL 명령어는 COMMIT을 따로 지정하지 않아도 Auto COMMIT 된다.

```
SQL> DROP TABLE TRANSAC PURGE;
```

```
SQL> DROP TABLE TRANSAC PURGE;

테이블이 삭제되었습니다.
```

- TRANSAC 테이블을 조회한다.

```
SQL> SELECT * FROM TEST;
```

```
SQL> SELECT * FROM TEST;
SELECT * FROM TEST
              *
1행에 오류:
ORA-00942: 테이블 또는 뷰가 존재하지 않습니다
```

2.2.4 데이터 제어어

데이터 제어어에는 GRANT, REVOKE 문이 있으며, 데이터의 보안, 무결성, 데이터 회복, 병행 수행 제어 등을 정의하는 언어이다.

데이터베이스 관리자(DBA)가 데이터 관리를 목적으로 사용하며 사용자 권한 제어하는 일반적 권한을 부여, 취소하는 방법과 테이블 및 속성, 즉 데이터베이스 객체에 대한 권한을 부여, 취소하는 방법이 있다.

1. 일반적 데이터 제어 명령어

(1) GRANT 문

사용자에게 특정 권한을 부여할 때 사용한다.

```
Grant 사용자등급 To id1, id2, id3, id4, ,....., identified by 암호;
사용자등급 : DBA (Database Administrator, 데이터베이스 관리자)
          Resource(데이터베이스, 테이블 생성가능자)
          Connect(사용자)
identified by : 생략가능
```

scott이라는 사용자에게 DBA(데이터베이스 관리자)의 권한을 부여한다.

```
SQL> Grant DBA To scott;
```

```
SQL> Grant DBA To scott;
권한이 부여되었습니다.
```

(2) REVOKE 문

사용자에게 부여했던 특정 권한을 제거할 때 사용한다.

```
Revoke 사용자등급 from id1, id2, id3, id4, ,.....,;
사용자등급 : DBA (DataBaseAdministrator, 데이터베이스 관리자)
          Resource(데이터베이스, 테이블 생성가능자)
          Connect(사용자)
```

scott이라는 사용자에게 DBA(데이터베이스 관리자)의 권한을 취소한다.

```
SQL> Revoke DBA To scott;
```

```
SQL> Revoke DBA from scott;
권한이 취소되었습니다.
```

2. 데이터베이스 객체 제어 명령어

(1) GRANT 문

테이블 및 속성에 대한 권한을 부여할 때 사용한다.

```
Grant 권한리스트 On 객체 To 사용자 With Grant Option;
권한리스트: All, Select, Insert, Delete, Update, Alter 등
With Grant Option : 부여 받은 권한을 다른 사용자에게 다시 부여할 수 있는 권한 부여,
생략가능
```

먼저 데이터베이스 객체인 control_table을 생성하고 데이터를 삽입한다.

```
SQL> CREATE TABLE CONTROL_TABLE(ID  NUMBER(10), NAME VARCHAR2(20));
SQL> INSERT  INTO CONTROL_TABLE VALUES(20170101, '오두일');
```

```
SQL> create table control_table (id number(10), name varchar2(20));
테이블이 생성되었습니다.
SQL> insert into control_table values(20170101, '오두일');
1 개의 행이 만들어졌습니다.
```

새로 생성된 테이블과 데이터를 select 명령어를 쓸 수 있는 권한을 scott 사용자에게 부여한다.

```
SQL> GRANT  SELECT  ON CONTROL_TABLE TO  SCOTT  WITH GRANT OPTION;
```

```
SQL> Grant select On control_table To scott With Grant Option;
권한이 부여되었습니다.
```

(2) REVOKE 문

테이블 및 속성에 대한 권한을 취소할 때 사용한다.

```
Revoke 권한리스트 On 객체 From 사용자 Cascade;
권한리스트: All, Select, Insert, Delete, Update, Alter 등
Cascade : 생략가능
```

```
SQL>Revoke Select On control_table From scott;
```

```
SQL> Revoke select On control_table from scott:
권한이 취소되었습니다.
```

연습문제

[문제 1] 아래의 용어의 정의를 각각 설명하시오.

(1) DDL :

(2) DML :

(3) TCL :

(4) DCL :

[문제 2] 테이블의 생성하고 테이블의 필드를 정의하는 SQL 명령어를 작성하시오.

[문제 3] 이미 생성된 테이블의 필드값을 변경하고자 하는 SQL 명령어를 작성하시오.

[문제 4] 이미 생성된 테이블에 추가 필드를 생성하고자 하는 SQL 명령어를 작성하시오.

[문제 5] 테이블의 필드이름을 변경하고자 하는 SQL 명령어를 작성하시오.

[문제 6] user 사용자에게 권한을 주고자 하는 SQL 명령어를 작성하시오.

[문제 7] Delete 명령문을 사용하여 문장을 실행한 다음 실제로 물리적인 하드공간에서 삭제가 되는 SQL 명령어를 작성하시오.

제 3 장

관계 데이터 모델링

3.1 데이터 모델링
3.2 관계 데이터 모델링
3.3 관계 대수
3.4 무결성 제약조건

3.1 데이터 모델링

데이터 모델링은 현실세계의 데이터 구조를 컴퓨터 세계의 데이터 구조로 기술할 때 사용 하는 개념적인 도구이다. 데이터 모델에는 현실세계를 추상적으로 표현하는 개념적 모델과 개념적 모델을 컴퓨터가 이해할 수 있도록 표현하는 논리적 모델로 구분된다.

개념적 모델에는 Entity(개념)-Relationship(관계)의 E-R 모델이 있고, 논리적인 모델에는 관계형, 계층형 그리고 네트워크형이 있는데 관계형 데이터 모델이 가장 광범위하고 널리 사용된다.

3.1.1 개념적 데이터 모델

개념적 데이터 모델로 E-R 모델이 있으며 1976년 P.Chan에 의해 처음으로 제안된 모델로서 개체와 개체간의 관계를 도식화 한 모델이다. 개체 관계도를 도형으로 표시함으로 명확히 릴레이션 정의와 릴레이션과 릴레이션 관계를 알 수 있다.

표현상 개체는 사각형으로 표시하고 관계를 마름모꼴로, 속성은 타원 형, 기본키 속성은 타원형 안에 밑줄을 그으므로 구별되게 표시하고 연결, 링크 선으로 관계를 표시한다.

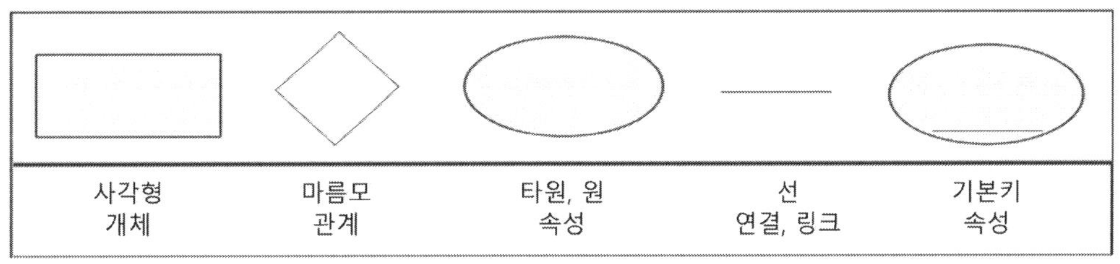

[그림 3.1] 개념적 데이터 모델의 표현 방법

1. E-R 모델 해설

학생, 과목은 개체이고 학생 개체에는 학번, 이름, 전공의 속성이 있고 과목에는 학번, 과목코드, 과목명의 속성이 있다. 이때, 학생은 "과목을 수강한다."라는 관계가 있다. 각 개체의 속성에는 중요키인 기본키(Primary Key)가 설정된다.

개체는 개념적 모델링의 가장 기본이 되는 요소이며, 저장할 만한 가치가 있는 중요 데이터를 가지고 있는 사람이나 사물 등이다.

관계는 개체와 개체 사이의 의미있는 연관성으로 개체-관계 모델의 중요한 요소이다.

또한, 속성은 개체가 가지고 있는 고유한 특성인데 속성 자체만으로는 의미가 없지만 관련 있는 속성들을 모다 개체를 구성하면 하나의 중요한 의미를 표현할 수 있다.

연결의 선은 개체와 개체간의 연관 관계를 보여준다.

기본키 속성은 개체의 기본을 이루는 중요한 키로써 이 기본키에는 반드시 값이 존재해야 한다.

2. E-R 모델 예제

E-R 모델의 예제를 통하여 설명하고자 한다.

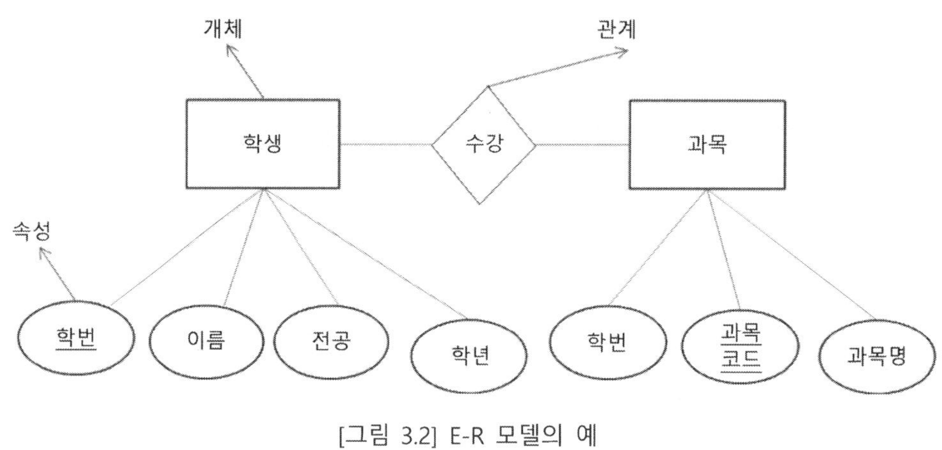

[그림 3.2] E-R 모델의 예

3. E-R 모델 관계의 종류

E-R 모델의 관계 종류에는 1:1 관계, 1:N 관계, N:M 관계가 있다. 1:1 관계는 학생 테이블에 있는 한 개의 데이터는 과목 테이블에 있는 한 개의 데이터와 일치하는 관계이고, 1:N 관계는 학생 테이블에 있는 각각의 데이터는 과목 테이블에 있는 하나 이상 데이터와 일치하나 과목 테이블에 있는 데이터는 학생테이블에 있는 데이터와 단지 하나만이 일치하는 관계이다.

N:M 관계는 학생 테이블에 있는 각각의 데이터는 과목 테이블에 있는 하나 이상의 데이터와 일치하고 과목 테이블에 있는 데이터도 학생 테이블에 있는 하나 이상의 데이터와 일치하는 관계이다.

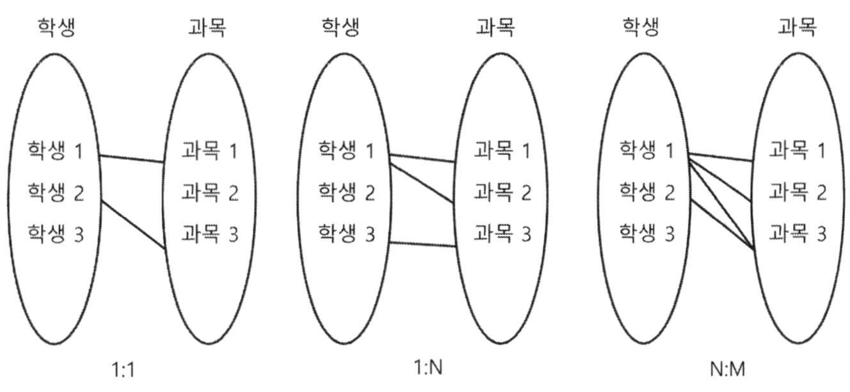

[그림 3.3] E-R 모델의 관계 형태

3.1.2 논리적 데이터 모델

논리적 데이터 모델은 현실 세계를 추상적으로 표현하는 개념적 모델을 기반으로 컴퓨터가 이해할 수 있도록 표현하는 모델이다.

논리적 데이터 모델은 크게 관계형과 계층형 그리고 네트워크형으로 나누어지는데, 관계형 데이터베이스에 적용되는 관계형 데이터 모델이 가장 널리 사용되는 논리적 데이터 모델 종류이다. 관계 데이터 모델에서 논리적 데이터 모델에 관련하여 상세 설명하기로 하고, 이 장에서는 3가지 종류에 대해 각각 간략하게 알고 보고자 한다.

[표 3.1] 논리적 데이터 모델의 비교

유형	구조	관계표현	대표적 특징
관계형	표(Table, Relation)	키(기본키, 외래키) 1:1, 1:N, N:M	SQL(가장 많이 사용되는 모델)
계층형	트리	부모-자식관계 N:M 직접 표현 가능하지 않음	사이클 불가 개체 삭제시 삭제가 연쇄적으로 발생
네트워크형	그래프, 망	Ownet-Member 관계 N:M 직접 표현 가능하지 않음	사이클 적용 상위와 하위 개체 복수 대응 가능

1. 계층형 데이터 모델

데이터는 개체와 선(링크)으로 구성된 트리 형태이고, 선(링크)으로 연결된 개체 집합은 부모-자식 관계를 표현한다. 부모 개체와 자식 개체 간의 관계는 일대다 관계이다.

대표적인 계층형 모델이 적용되는 데이터베이스 언어에는 ADABAS, IMS, DMS-II 등이 있다.

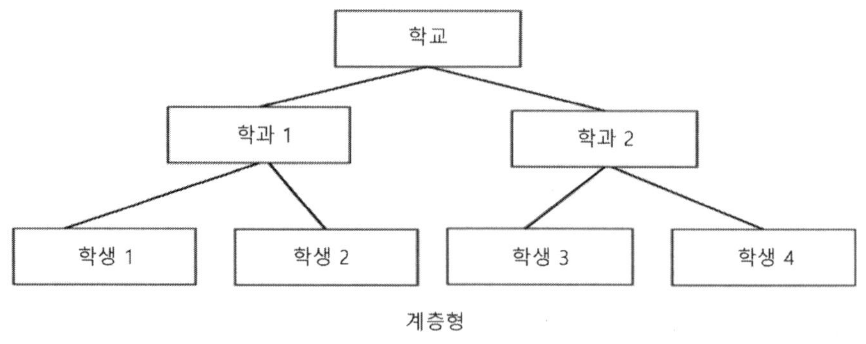

[그림 3.4] 계층형 데이터 모델의 구조

2. 네트워크형 데이터 모델

네트워크 데이터 모델은 계층형 그래프 구조에 기반을 둔다. 개체를 사각형으로, 개체와 개체 간의 관계는 선(링크)으로 표시된다. 개체와 개체간의 관계는 다대다 관계이다.

대표적인 네트워크형 모델이 적용되는 데이터베이스 언어는 CODASYL이다.

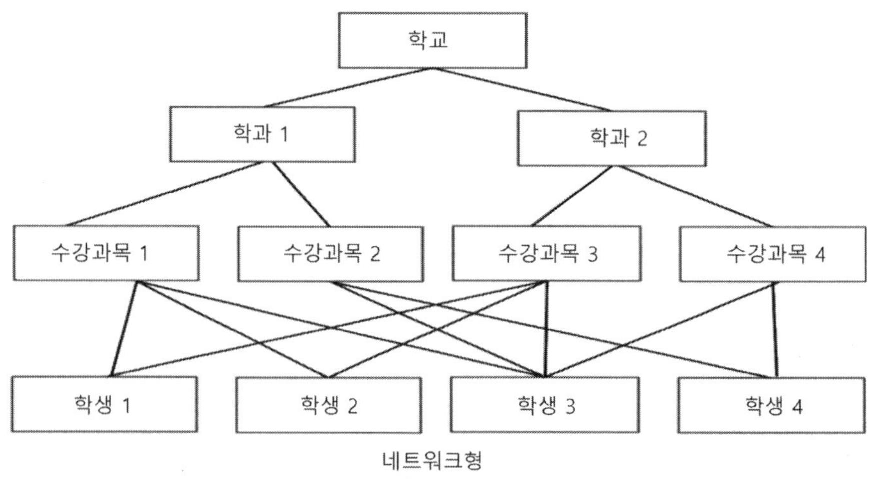

[그림 3.5] 네트워크형 데이터 모델의 구조

3. 관계형 데이터 모델

관계형 데이터 모형은 행과 열로 구성된 2차원 테이블에 데이터를 저장한다. 테이블은 데이터베이스에서 표현하는 하나의 개체(Entity)에 관한 정보를 저장한다.

대표적인 네트워크형 모델이 적용되는 데이터베이스 언어로는 DB2, Oracle, MySQL, MS SQL Server, Access, Maria 등이 있다.

[표 3.2] 관계형 데이터 모델의 구성

학생 ID	학생이름	수강과목번호	수강과목명
20170101	나일영	cs101	자료구조
20170102	류인영	cs201	데이터베이스
20170103	구승본	cs301	알고리즘

1970년 Codd에 의해 소개되었고 단순하고 균일한 테이블(릴레이션)의 데이터구조를 가지고 있어서 널리 사용되고 있다. 관계 데이터 모델이 기준이 되어 관계 데이터베이스가 구현되므로 테이블은 SQL Create 구문 등으로 생성 및 관리 되고 제약조건 또한 SQL로 제약 선언한다.

관계 데이터 모델 연산인 관계 대수가 기초가 되어 SQL 연산이 구현된다. 관계 대수 연산은 검색만 가능하다. 관계 데이터 모델링 실제의 예는 데이터베이스 설계의 장에서 상세하게 설명할 것이다.

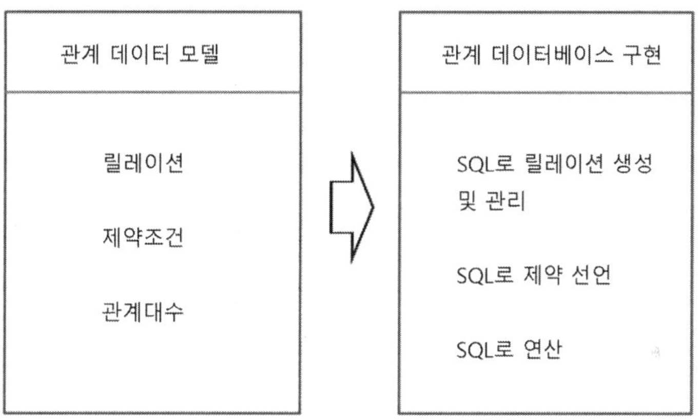

[그림 3.6] 관계형 데이터 모델의 데이터베이스 구현

3.2 관계 데이터 모델링

3.2.1 개념

먼저 기본 용어의 정리를 통하여 개념을 설명하고자 한다.

- 릴레이션(Relation) : 테이블
- 릴레이션 스키마(Relation Schema) : 릴레이션의 이름과 릴레이션에 포함된 모든 속성
- 릴레이션 인스턴스(Relation Instance) : 어느 한 시점에 릴레이션에 존재하는 튜플들의 집합
- 튜플(Tuple) : 릴레이션의 행
- 속성(Attribute) : 릴레이션의 열, 테이블 데이터
- 차수(Degree) : 속성들의 수
- 카디날리티(Cardinality) : 튜플의 수

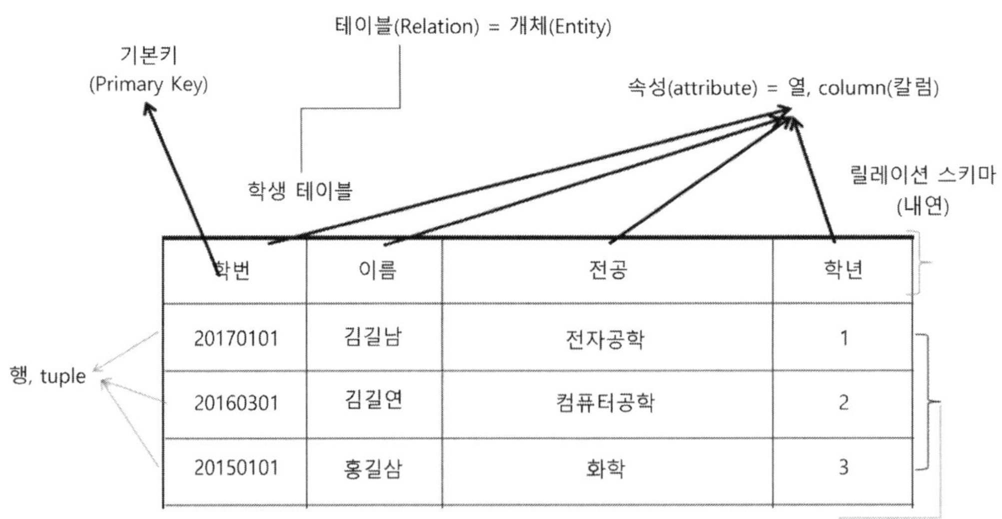

학번	이름	전공	학년
20170101	김길남	전자공학	1
20160301	김길연	컴퓨터공학	2
20150101	홍길삼	화학	3

[그림 3.7] 관계 데이터 모델링의 개념 이해

3.2.2 릴레이션(Relation)

릴레이션(Relation)에 정의된 튜플(Tuple)들은 모두 다르다. 릴레이션의 각 속성(Attribute)이 가질 수 있는 값은 더 이상 쪼갤 수 없는 원자 값뿐이다. 속성은 백터와 집합 같은 복합된 값을 갖지 못한다. 한 릴레이션에 정의된 튜플들은 순서가 바뀌어도 아무런 영향이 없다. 또한, 릴레이션 스키마를 구성하는 속성들도 순서에 무관하다.

속성의 명칭은 유일해야 하지만, 속성의 값은 동일해도 된다. 튜플들은 시간에 따라 변한다. 릴레이션을 구성하는 튜플을 유일하게 식별하기 위한 속성들의 부분 집합을 키로 설정한다.

3.2.3 키(Key)의 개념 및 종류

키는 데이터베이스에서 조건에 만족하는 튜플을 찾거나 순서대로 정렬할 때 다른 튜플들과 구별할 수 있는 유일한 기준이 되는 속성이다.

- 기본키(Pramary Key) : 후보키 중에 선택한 키이고 중복되어서는 안된다. 또한, Null 값을 가질 수 없다.
- 대체키(Alternate Key) : 후보키 중에서 기본키를 제외한 속성들
- 후보키(Candidate Key) : 한 릴레이션 내에 있는 모든 튜플들을 유일하게 식별할 수 있는 하나 또는 몇 개의 속성의 집합
- 슈퍼키(Super Key) : 한 릴레이션 내에 있는 속성들의 집합으로 구성된 키로서, 유일성을 갖는다.
- 외래키(Foreign Key) : 어떤 릴레이션에서 다른 릴레이션을 참조할 때 참조할 때 기준이 되는 속성으로서, 참조하고자 하는 릴레이션의 기본키와 동일하다. 외래키는 참조할 수 없는 값을 가질 수 없다.

3.2.4 제약조건(무결성)

관계 데이터 모델의 제약조건에는 개체 무결성 제약조건(Entity Integrity Constraint)과 참조 무결성 제약조건(Referential Integrity Constraint)이 있다.

개체 무결성 제약조건은 기본키에 대한 규칙으로 각 릴레이션 마다 적용되는데 이 제약조건은 기본키 값은 널 값일 수가 없다는 제약조건이다.

기본키 값이 널이면 식별할 수 없는 튜플이 발생할 수 있으므로 기본키 값이 반드시 주어져야 한다.

1. 개체 무결성 제약조건에 맞는 테이블의 예

학생 테이블과 수강 테이블 각각 기본키인 학번과 과목코드에 정보 부재를 나타내는 NULL 값이 없다.

[학생테이블]

학번	이름	전공	학년
20170101	김길남	전자공학	1
20160301	김길연	컴퓨터공학	2
20150101	홍길동	화학	3
20140305	서남순	물리학	4

[수강테이블]

학번	과목코드	과목명
20170101	cs101	전자공학
20160301	cs201	컴퓨터공학
20150101	cs301	화학
20140305	cs401	물리학

2. 개체 무결성 제약조건에 위배되는 테이블의 예

[학생테이블]

학번	이름	전공	학년
20170101	김길남	전자공학	1
20160301	김길연	컴퓨터공학	2
20150101	홍길동	화학	3
NULL	서남순	물리학	4

[수강테이블]

학번	과목코드	과목명
20170101	cs101	전자공학
20160301	cs201	컴퓨터공학
20150101	cs301	화학
20140305	NULL	물리학

3. 참조 무결성 제약조건에 맞는 테이블의 예

참조 무결성 제약조건은 외래키는 참조할 수 없는 값을 가질 수 없다는 제약조건이다. 외래키는 다른 릴레이션의 기본키를 참조하는 속성이고 릴레이션 간의 관계를 표현하므로 다른 릴레이션의 기본키 값과 다른 값을 가지고 있다면 외래키 원래의 속성에 위배가 된다.

예를 들어, 학생 테이블 학번이 기본키이고 수강 테이블의 학번이 외래키라고 했을 때, 학생 테이블의 학번값이 아닌 다른 값을 수강 테이블의 외래키 값으로 가지고 온다면 참조할 수 있는 값이 없으므로 외래키로서의 역할을 할 수가 없다.

다음의 예시는 수강 테이블의 외래키 값인 학번 값은 학생테이블의 기본키 값인 학번 값을 참조하고 있다.

[학생테이블]

학번	이름	전공	학년
20170101	김길남	전자공학	1
20160301	김길연	컴퓨터공학	2
20150101	홍길동	화학	3
20140305	서남순	물리학	4

[수강테이블]

학번	과목코드	과목명
20170101	cs101	전자공학
20160301	cs201	컴퓨터공학
20150101	cs301	화학
20140305	cs401	물리학

4. 참조 무결성 제약조건에 위배되는 테이블의 예

수강 테이블의 외래키 값인 학번 값이 학생 테이블의 기본키 값인 학번 값을 참조하고 있지 않다.

다음의 예시는 수강 테이블의 학번 20150506과 20141112는 학생 테이블의 기본키 학번 값을 참조하고 있지 않다.

[학생테이블]

학번	이름	전공	학년
20170101	김길남	전자공학	1
20160301	김길연	컴퓨터공학	2
20150101	홍길동	화학	3
20140305	서남순	물리학	4

[수강테이블]

학번	과목코드	과목명
20170101	cs101	전자공학
20160301	cs201	컴퓨터공학
20150506	cs301	화학
20141112	cs401	물리학

3.3 관계 대수

3.3.1 개념

관계 데이터 모델 연산으로 관계 대수는 관계 데이터 모델에서 중요한 이론적인 언어이다. 하나 이상의 릴레이션에 적용되는 연산자들을 포함하고 주어진 릴레이션들로부터 새로운 릴레이션을 생성한다. 관계 대수는 상용관계 DBMS들에서 광범위하게 사용되는 SQL의 이론적인 기초이다. SQL을 구현하고 최적화하기 위해 DBMS의 내부언어로 사용된다.

[표 3.3] 관계 대수와 SQL 간의 비교

관계대수	SQL
절차적언어 관계 대수식은 관계 연산자들이 수행되는 순서를 명시한다.	비절차적언어 사용자는 자신이 무엇을 원하는지만 질의에 명시하고 DBMS는 이 질의를 효율적으로 처리하는 방법을 결정한다.
검색연산만 제공	연산 데이터베이스 구조 및 제약조건을 추가하거나 수정하는 명령 투플을 검색, 삭제, 수정하는 명령어

3.3.2 관계형 데이터 모델과 SQL

여기서는 관계 대수와 관계되는 다음 7개 릴레이션의 연산 방법을 중심으로 설명하도록 한다.

1. 합집합

합집합은 두개의 릴레이션 중 어느 한쪽 또는 양쪽에 모두 존재하는 튜플을 구하는 연산이다.

```
연산 형식 : (π속성 리스트(릴레이션)) ∪ (π속성 리스트(릴레이션))
SQL : Union
```

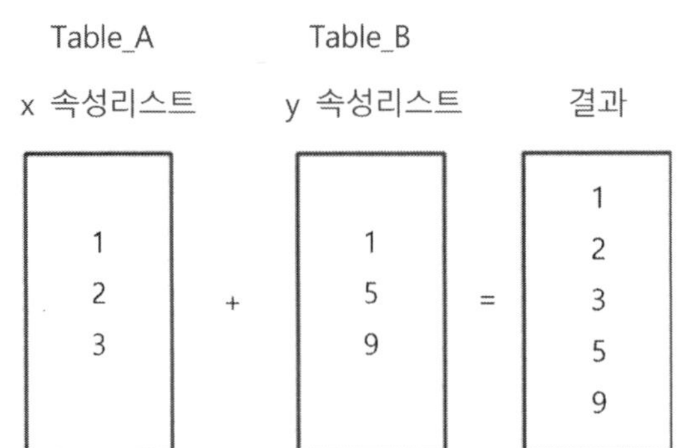


```
관계대수> (πx속성 리스트(Table_A)) ∪ (πy속성 리스트(Table_B))
SQL>Select * from Table_A union Select * from Table_B;
```

Table_X

no	이름
001	길남우
002	이시영
003	이호영

Table_Y

no	이름
003	이호영
004	강성필
005	남길호

```
관계대수> (πno(Table_X)) ∪ (πno (Table_Y))
SQL>Select * from A union Select * from B;
```

합집합 결과

no	이름
001	길남우
002	이시영
003	이호영
004	강성필
005	남길호

2. 차집합

차집합은 릴레이션에 속하지만 다른 릴레이션에는 속하지 않는 튜플을 구하는 연산이다.

```
연산형식 : (π속성 리스트(Table_A)) - (π속성 리스트(Table_B))
SQL : Except
```

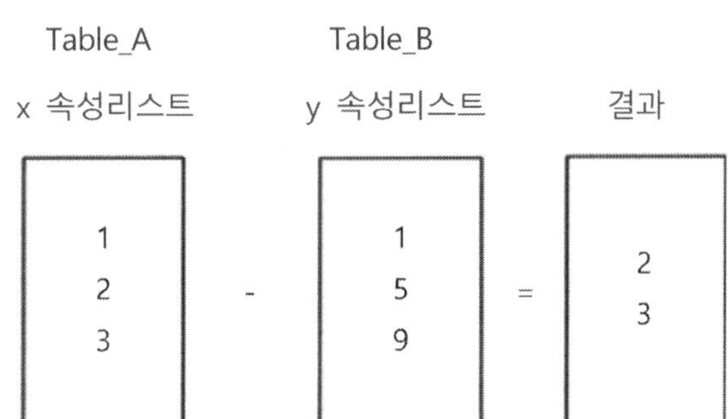


```
관계대수> (πx속성 리스트(Table_A)) - (πy속성 리스트(Table_B))
SQL>Select * from Table_A except Select * from Table_B;
```

Table_X

no	이름
001	길남우
002	이시영
003	이호영

Table_Y

no	이름
003	이호영
004	강성필
005	남길호

```
관계대수> (πno(Table_X)) - (πno (Table_Y))
SQL>Select * from Table_X except Select * from Table_Y;
```

차집합 결과

no	이름
001	길남우
002	이시영

Table_Y

no	이름
003	이호영
004	강성필
005	남길호

Table_X

no	이름
001	길남우
002	이시영
003	이호영

```
관계대수> ((πno (Table_Y)) - πno(Table_X))
SQL>Select * from Table_Y except Select * from Table_X;
```

차집합 결과

no	이름
004	강성필
005	남길호

3. 교집합

교집합은 두 개의 릴레이션에 모두 존재하는 튜플을 구하는 연산이다.

```
연산형식 : (π속성 리스트(릴레이션)) ∩ (π속성 리스트(릴레이션))
SQL : Intersect
```

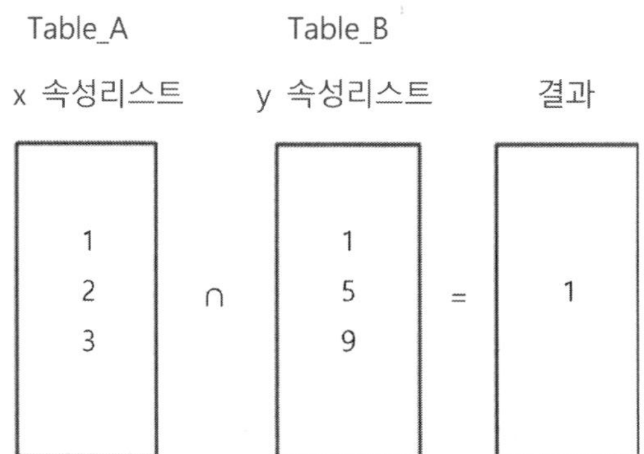


```
관계대수> (πx속성리스트(Table_A)) ∩ (πy속성리스트(Table_B))
SQL>Select * from A intersect Select * from B;
```

Table_X

no	이름
001	길남우
002	이시영
003	이호영

Table_Y

no	이름
003	이호영
004	강성필
005	남길호

```
관계대수> (πno(Table_X)) ∩ (πno (Table_Y))
SQL> Select * from Table_X intersect Select * from Table_Y;
```

교집합 결과

no	이름
003	이호영

4. 곱집합

곱집합은 두 개의 릴레이션에 존재하는 모든 튜플의 조합을 구하는 연산이다.

연산에서 두 개의 릴레이션에 공동 컬럼이 없을 경우, Join, Cross Join으로 교차결합을 하면 곱집합을 구할 수 있다.

```
연산형식 : 릴레이션 x 릴레이션
SQL : Join(오라클에서는 콤마(,)로 Join 표시), Cross Join
```

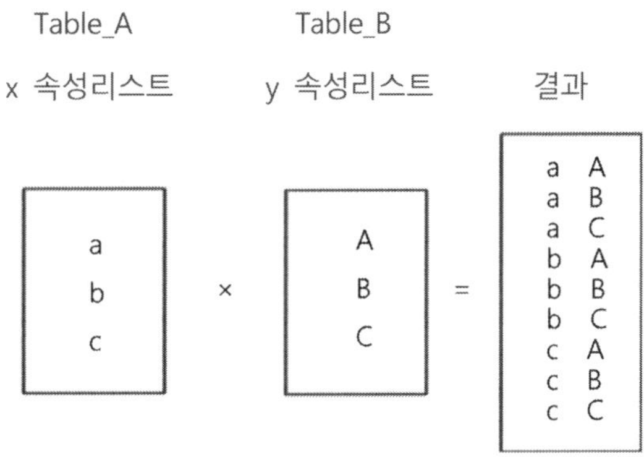


```
관계대수> Table_X x Table_Y
SQL>Select * from Table_X, Table_Y;
SQL>Select * from Table_X Cross Join Table_Y;
```

5. 선택

선택은 주어진 릴레이션에서 특정 조건을 만족하는 튜플을 구하는 연산이다.

```
연산형식 : σ조건식(릴레이션)
SQL :  Select 속성리스트 from 릴레이션 Where 조건절
```

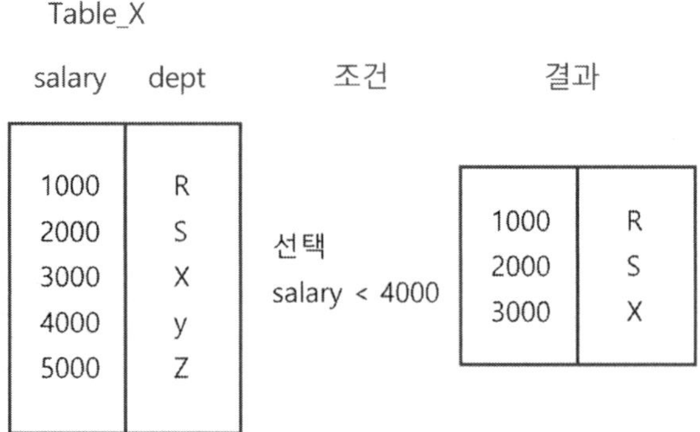


```
관계대수> σsalary<4000(Table_X)
SQL>Select * from Table_X where salary < 4000;
```

6. 추출

추출은 주어진 릴레이션에서 원하는 속성만 발췌하는 연산이다.

```
연산형식 : σ속성리스트(릴레이션)
SQL : Select 속성리스트
```

Table_X

Salary	ID
1000	101
2000	102
3000	103
4000	104
5000	105

추출 id 속성

결과

101
102
103
104
105

```
관계대수> σID(Table_X)
SQL>Select ID from Salary;
```

7. 조인

조인은 릴레이션끼리 교차 결합에 계산된 곱집합에서 결합조건을 만족하는 투플을 추출하는 연산이다.

```
연산형식 : 릴레이션1 ▷◁ 조건식 릴레이션2
SQL : Inner Join
```

Student

ID	Name
101	김길남
102	나원일
103	나길삼
104	송길남
105	홍길동

결합
Join
ID=ID

Course

ID	Course_no
101	CS_101
101	CS_201
103	CS_101
103	CS_301

결과

ID	Name	ID	Course_no
101	김길남	101	CS_101
101	김길남	101	CS_201
103	나길삼	103	CS_101
103	나길삼	103	CS_301

```
관계대수> Student ▷◁ Student.ID=Course.ID Course
SQL>Select ID from Student inner join B on Student.ID = Course.ID;
```

3.4 무결성 제약조건

3.4.1 키 선정

릴레이션(테이블) 정의문에 다양한 제약조건을 달아 속성의 기본키, 외래키 등 다양한 키를 선정할 수 있고 키를 선정함으로 데이터 무결성 제약 조건을 점검한다.

데이터 무결성 제약 조건에는 크게 기본 키 제약조건과 참조 무결성 제약 조건이 있는데 키 제약조건은 한 개의 릴레이션의 기본값은 반드시 NULL 값이 있어서는 안되고, 참조 무결성 조건은 외래키는 반드시 기본키의 속성값을 참조 해야만 한다. 기본키와 외래키를 포함하여 다른 주요한 키와 Default, Check 관련하여 간략하게 설명하도록 한다.

실제로 생성한 릴레이션 key_test 릴레이션 정의문을 하나씩 살피면서 다양한 제약조건에 대해 살펴보도록 하겠다.

참고로, 테이블 정의 시에 아래와 같이 다양한 제약조건을 추가하여 테이블 생성하여도 되고, TABLE 변경 정의어인 Alter를 사용하여 후에 제약조건을 추가할 수 있다. 또한, 삭제도 가능하다.

1. Primary Key

릴레이션의 기본키로써 외래키의 참조값이 되면 기본키에는 NULL 값이 올수 없다는 조건을 적용하여 데이터 무결성 제약을 걸어둔다. 릴레이션 key_test에서는 no을 기본키로 정하였다. 기본키에 대해서는 delete 등의 변경을 할 수가 없다.

2. Foreign Key

릴레이션의 외래키로써 같은 릴레이션 내에서의 속성값도 외래키가 될 수 있고 다른 릴레이션의 기본키값도 외래키가 될 수 있다. 단, 외래키는 기본키의 값을 참조로만 하여야 한다. 같은 릴레이션 내의 다른 속성의 자료형과 다른 자료형의 값을 외래키로 지정한다면 에러가 발생한다.

또한, 다른 릴레이션의 외래키가 참조하는 값이 참조하는 릴레이션의 기본키 값과 동일 하지 않을 경우 역시 에러가 발생한다.

3.4.2 무결성 제약조건

1. NOT NULL 제약조건

속성은 디폴트로 NULL 값을 가질 수 있기 때문에 만일 어떤 속성에 NULL 값을 허용하지 않으려면 NOT NULL 제약을 걸어둔다. key_test 릴레이션을 보면 릴레이션 생성할 때는 not null 값을 지정하지 않았는데 릴레이션 생성 후에 alter ~ modify 명령어를 사용하여 sub_no을 not null로 정하였다.

일반 속성값 과는 다르게 릴레이션의 기본키에는 반드시 NULL 값을 지정하여야 한다.

2. UNIQUE 제약조건

동일한 속성 값을 갖는 튜플이 두 개 이상 존재 하지 않도록 제약을 걸어 둔다. NOT NULL 을 지정하지 않았다면 한 개의 튜플에서는 이 속성에 NULL 값을 넣을 수 있다. 한 개의 릴레이션에 여러 개의 UNIQUE을 지정할 수 있다.

3. DEFAULT 제약조건

속성에 NULL 값 대신에 특정 값을 Default 값으로 정할 수 있다. 속성의 이름과 속성의 데이터 형을 명시한 곳에는 어디서든지 DEFAULT를 사용할 수 있다. key_test 릴레이션에는 sub_no 값이 NULL 값이 아닌 Default 값으로 1로 정하였다.

4. CHECK 제약조건

한 개의 속성이 가질 수 있는 값들의 범위를 지정한다. key_test 릴레이션에는 sub_no 값의 범위를 10 미만으로 정하고 만약 sub_no 값이 10, 혹은 10 이상의 sub_no 값이 입력되면 체크 조건을 위배하였다는 에러가 발생한다.

key table을 생성하는데 no을 기본키와 NOT NULL로 지정하고 sub_no에는 디폴트 값을 1로 지정하여 NULL 값으로 sub_no1 값의 범위를 10 미만으로 정하고 id는 no 기본키를 참조하였다. 외래키로 지정할 때는 참조한다는 뜻을 references를 릴레이션의 기본키 앞에 두어야 한다.

3.4.3 키 선정 기준

1. Primary Key와 Foreign Key가 포함되어 있는 테이블

- key_test table 제약조건
- no number(10) - 기본키

- sub_no number(10) - default 1
- sub_no1 number(10) - 범위는 10 미만
- id number(10) - 릴레이션 key_test의 기본키를 참조하는 외래키

```
SQL> create table key_test (
      no number(10) not null,
      sub_no number(10) default 1,
      sub_no1 number(10) check(sub_no1 < 10),
      primary key(no), foreign key(id) references key_test(no)
      );
```

```
SQL> create table key_test ( no number(10) not null, sub_no number(10) default
rimary key(no), foreign key(id) references key_test(no));

테이블이 생성되었습니다.

SQL> desc key_test;
 이름                                      널?       유형
 ----------------------------------------- -------- ----------------
 NO                                        NOT NULL NUMBER(10)
 SUB_NO                                             NUMBER(10)
 SUB_NO1                                            NUMBER(10)
 ID                                                 NUMBER(10)
 NAME                                               VARCHAR2(20)
```

- sub_no 값을 not null로 정한다.

```
SQL> alter table key_test modify sub_no number(10) not null;
```

```
SQL> alter table key_test modify sub_no number(10) not null;

테이블이 변경되었습니다.
```

- key_test 테이블의 구조를 조회한다.

```
SQL> desc key_test;
```

```
SQL> desc key_test;
 이름                                      널?       유형
 ----------------------------------------- -------- ----------------
 NO                                        NOT NULL NUMBER(10)
 SUB_NO                                    NOT NULL NUMBER(10)
 SUB_NO1                                            NUMBER(10)
 ID                                                 NUMBER(10)
 NAME                                               VARCHAR2(20)
```

- key_test 테이블의 기본키를 제거하려고 한다.

```
SQL> alter table key_test drop primary key;
```

```
SQL> alter table key_test drop primary key;
alter table key_test drop primary key
*
1행에 오류:
ORA-02273: 고유/기본 키가 외부 키에 의해 참조되었습니다
```

- key_test 테이블의 sub_no의 값이 10으로 입력되어 체크 제약조건에 위배되었다.

```
SQL> alter table key_test drop primary key;
```

```
SQL> insert into key_test values(111, 1, 10, 111, 'a');
insert into key_test values(111, 1, 10, 111, 'a')
*
1행에 오류:
ORA-02290: 체크 제약조건(SYSTEM.SYS_C0011782)이 위배되었습니다
```

2. Primary Key와 Foreign Key가 포함되어 있지 않은 테이블

• Primary Key와 외래키가 포함되어 있지 않은 테이블

```
CREATE TABLE key_test1 (
 a      varchar2(10) NOT NULL,
 b      varchar2(15) NOT NULL,
 c      varchar2(100) NOT NULL,
 d      varchar2(15) NOT NULL,
 e      varchar2(25) NOT NULL,
 f      varchar2(50) NOT NULL
);
```

```
SQL> CREATE TABLE key_test1 (
  2   a        varchar2(10) NOT NULL,
  3   b            varchar2(15) NOT NULL,
  4   c             varchar2(100) NOT NULL,
  5   d            varchar2(15) NOT NULL,
  6   e     varchar2(25) NOT NULL,
  7   f    varchar2(50) NOT NULL
  8  );

테이블이 생성되었습니다.
```

- key_test1 테이블의 구조를 조회한다.

```
SQL> desc key_test1;
 이름                                      널?      유형
 ----------------------------------------- -------- ----------------------------
 A                                         NOT NULL VARCHAR2(10)
 B                                         NOT NULL VARCHAR2(15)
 C                                         NOT NULL VARCHAR2(100)
 D                                         NOT NULL VARCHAR2(15)
 E                                         NOT NULL VARCHAR2(25)
 F                                         NOT NULL VARCHAR2(50)
```

- key_test1 테이블 생성 후에 a를 PRIMARY KEY로 지정한다. 이때, CONSTRAINT key+test_a_pk로 제약이름을 붙여서 PRIMARY KEY를 지정하여도 되고, CONSTRAINT key+test_a_pk 제약이름을 붙이지 않아도 된다.

```
SQL> ALTER TABLE key_test1  ADD CONSTRAINT key_test_a_pk PRIMARY KEY (a);
```

```
SQL> ALTER TABLE key_test1  ADD CONSTRAINT key_test_a_pk PRIMARY KEY (a);
테이블이 변경되었습니다.
```

- PRIMARY KEY 지정을 철회하였다.

```
SQL> ALTER TABLE key_test1  DROP CONSTRAINT key_test_a_pk;
```

```
SQL> ALTER TABLE key_test1  DROP CONSTRAINT key_test_a_pk;
테이블이 변경되었습니다.
```

- 철회한 PRIMARY KEY를 다시 지정하였다.

```
SQL> ALTER TABLE key_test1  ADD CONSTRAINT key_test_a_pk PRIMARY KEY (a);
```

```
SQL> ALTER TABLE key_test1  ADD CONSTRAINT key_test_a_pk PRIMARY KEY (a);
테이블이 변경되었습니다.
```

- b에 PRIMARY KEY를 지정하였다. 테이블에는 하나의 기본 키만 가질 수 있으므로 에러가 발생한다.

```
SQL> ALTER TABLE key_test1  ADD CONSTRAINT key_test_b_pk PRIMARY KEY (b);
```

```
SQL> ALTER TABLE key_test1  ADD CONSTRAINT key_test_b_pk PRIMARY KEY (b);
ALTER TABLE key_test1  ADD CONSTRAINT key_test_b_pk PRIMARY KEY (b)
                                                    *
1행에 오류:
ORA-02260: 테이블에는 하나의 기본 키만 가질 수 있습니다.
```

- b를 key_test1 PRIMARY KEY a의 외래키로 지정하였다.

```
SQL> ALTER TABLE KEY_TEST1 ADD FOREIGN KEY (b)
     REFERENCES KEY_TEST1(a) ;
```

```
SQL> ALTER TABLE KEY_TEST1
  2  ADD FOREIGN KEY (b)
  3  REFERENCES KEY_TEST1(a) ;

테이블이 변경되었습니다.
```

연습문제

[문제 1] 데이터 모델의 정의를 설명하시오.

[문제 2] 데이터 모델의 개념적 모델과 논리적 모델에 대해 각각 설명하시오.

[문제 3] E-R 모델에 대해 설명하시오.

[문제 4] E-R 모델의 도형에 대해 설명하시오.

[문제 5] 아래의 E-R 다이어그램(Diagram)을 설명하시오.

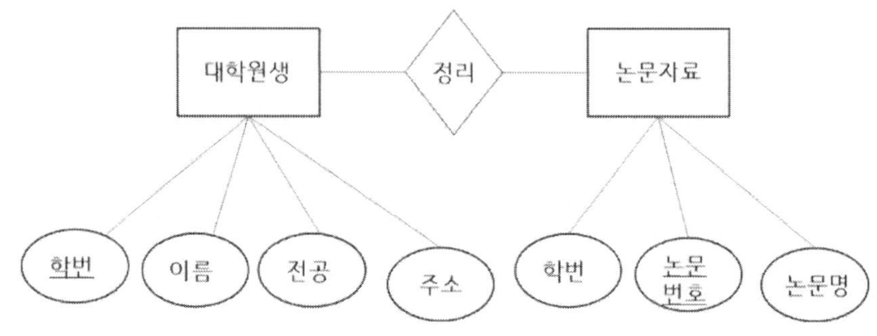

[문제 6] 아래의 관계 데이터 모델링 용어에 대해 설명하시오.

(1) 릴레이션

(2) 릴레이션 스키마

(3) 릴레이션 인스턴스

(4) 튜플

(5) 속성

(6) 차수

(7) 도메인

(8) 카디날리티

[문제 7] 기본키에 대한 특징 2가지만 설명하시오.

[문제 8] 외래키에 대한 특징 1가지만 설명하시오.

[문제 9] 개체 무결성 제약조건에 대해 설명하시오.

[문제 10] 참조 무결성 제약조건에 대해 설명하시오.

[문제 11] 다음의 관계대수 연산의 결과와 관계대수 명령어와 결과 값을 각각 작성하시오.

AA_Table

no	이름
111	이호영
222	강성필
333	남길호

AA_Table

no	이름
111	이호영
444	나영희
555	우이영

(1) 합집합 :

(2) 차집합 :

(3) 교집합 :

(4) 선택(조건 : 이름이 이호영인 사람의 번호) :

(5) 조인 :

[제 4 장]

데이터베이스 설계

4.1 설계 생명주기
4.2 요구사항 분석
4.3 개념적 설계
4.4 논리적 설계
4.5 물리적 설계와 구현

4.1 설계 생명주기

설계의 생명주기를 살펴보고 데이터베이스를 처음 학습하는 초보자들의 이해를 돕기 위해 사용자의 요구사항을 단순화하여 설계 단계를 설명하고자 한다.

데이터베이스 설계의 단계를 설계 생명주기, 요구사항 분석, 개념적 설계, 논리적 설계, 물리적 설계와 구현의 순서로 설명한다.

여기서는, 정규화를 이용한 설계 단계로 구분하여 설명할 것이고, 정규화를 이용한 설계는 다음 장에서 설명하고자 한다.

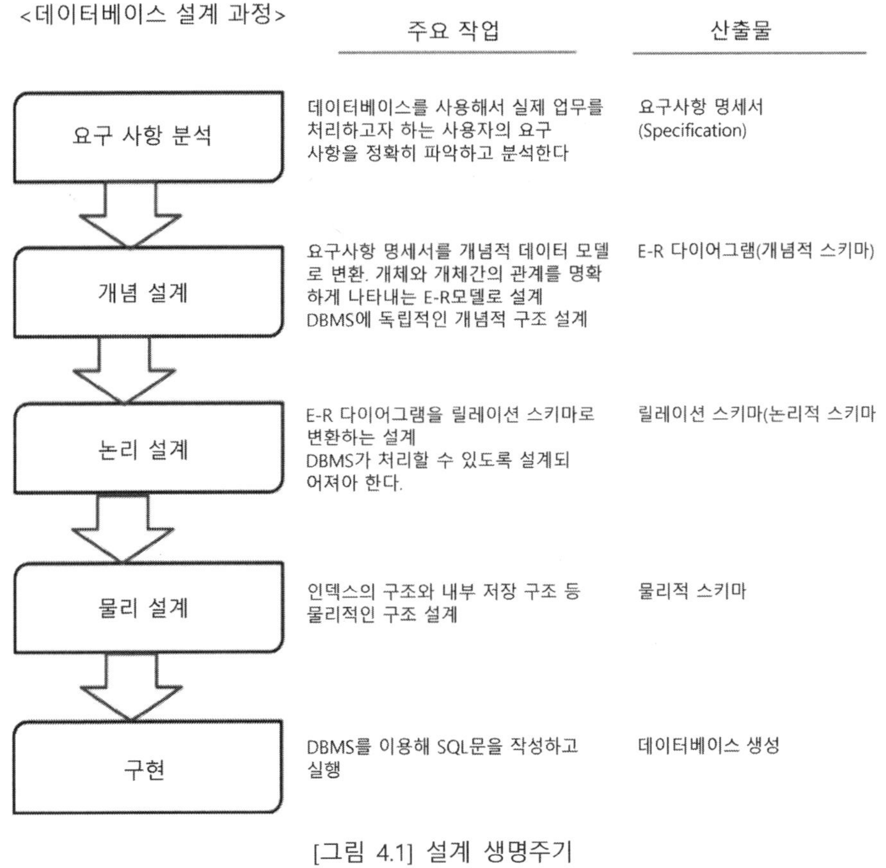

[그림 4.1] 설계 생명주기

4.2 요구사항 분석

인터넷으로 회원들에게 꽃을 판매하는 최고 꽃가게를 위한 데이터베이스를 개발한다고 가정하고, 아래와 같이 사용자들의 개발 요구 사항을 분석하여 요구 사항 명세서를 작성한다.

- 최고 꽃마트에 회원으로 가입하려면 회원 아이디, 회원이름, 주소, 핸드폰 번호를 입력하여야 한다.
- 회원에서의 회원아이디가 기본키(Primary Key)가 되어 식별된다.
- 꽃 상품에 대한 꽃 상품번호, 꽃 상품이름, 가격 정보를 유지해야 한다.
- 꽃 상품은 꽃 상품번호가 기본키(Primary Key)가 되어 식별된다.
- 회원은 여러 꽃 상품을 주문할 수 있는, 하나의 꽃 상품을 여러 회원이 주문할 수 있다.
- 회원이 꽃 상품을 주문하면 꽃 주문에 대한 꽃 주문번호, 꽃 주문수량, 배송 주소, 주문일자 정보를 유지해야 한다.
- 각 꽃 상품은 한 꽃집에서 배달하고, 꽃집 하나는 여러 꽃 상품을 배달할 수 있다.
- 꽃집에서 꽃 상품을 배달하면 꽃 배달일자와 꽃 배달수량 정보를 유지해야 한다.
- 꽃집에 대한 꽃집이름, 전화번호, 주소 정보를 유지해야 한다.
- 꽃집은 꽃집이름이 기본키(Primary Key)가 되어 식별된다.
- 회원은 게시판을 통해 원하는 디자인 등 게시글을 여러 개 작성할 수 있고, 게시글 하나는 한명의 회원만 작성할 수 있다.
- 게시글은 게시글 번호가 기본키(Primary Key)가 되어 식별된다.

4.3 개념적 설계

4.3.1 개체와 속성 추출

요구사항 명세서에서의 문장에서 명사를 선별하여 개체와 속성을 뽑아내는데 최고 꽃마트와 같이 데이터베이스 개발을 요청한 조직을 표현하는 일반적이고 광범위한 의미의 명사이므로 개체와 속성을 위한 명사 선별에서 제외된다. 선별된 명사에서 개체는 직사각형으로 표시하고 속성은 밑줄로 표시한다.

- 최고 꽃가게에 회원으로 가입하려면 회원 아이디, 회원이름, 주소, 핸드폰 번호를 입력하여야 한다.
- 회원에서의 회원아이디가 기본키(Primary Key)가 되어 식별된다.
- 꽃 상품에 대한 꽃 상품번호, 꽃 상품이름, 가격 정보를 유지해야 한다.
- 꽃 상품은 꽃 상품번호가 기본키(Primary Key)가 되어 식별된다.
- 회원은 여러 꽃 상품을 주문할 수 있는, 하나의 꽃 상품을 여러 회원이 주문할 수 있다.
- 회원이 꽃 상품을 주문하면 꽃 주문에 대한 꽃 주문번호, 꽃 주문수량, 배송 주소, 주문일자 정보를 유지해야 한다.
- 각 꽃 상품은 한 꽃집에서 배달하고, 꽃집 하나는 여러 꽃 상품을 배달할 수 있다.
- 꽃집에서 꽃 상품을 배달하면 꽃 배달일자와 꽃 배달수량 정보를 유지해야 한다.
- 꽃집에 대한 꽃집이름, 전화번호, 주소 정보를 유지해야 한다.
- 꽃집은 꽃집이름이 기본키(Primary Key)가 되어 식별된다.
- 회원은 게시판을 통해 원하는 디자인 등 게시글을 여러 개 작성할 수 있고, 게시글 하나는 한명의 회원만 작성할 수 있다.
- 게시글에 대한 게시글 번호, 게시글 제목, 게시글 내용, 게시글 작성날짜 정보를 유지해야 한다.
- 게시글은 게시글 번호가 기본키(Primary Key)가 되어 식별된다.

[표 4.1] 요구사항 명세서에서 최종으로 추출한 개체와 속성의 결과

개체	속성
회원	회원 아이디, 회원이름, 주소, 핸드폰번호
꽃상품	꽃 상품번호, 꽃 상품이름, 가격
꽃집	꽃집이름, 전화번호, 주소
게시글	게시글 번호, 게시글 제목, 게시글 내용, 게시글 작성날짜

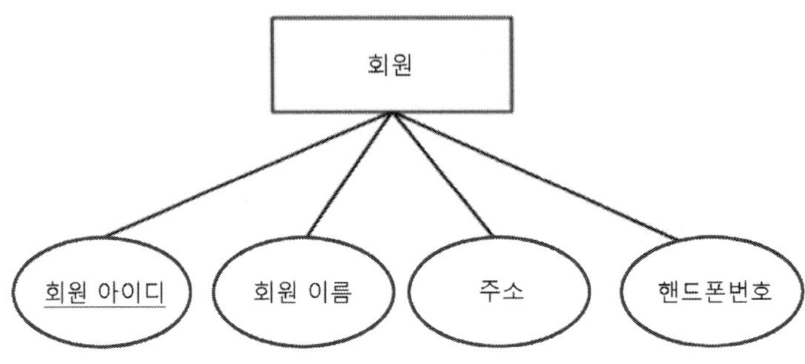

[그림 4.2] 회원개체 E-R 다이어그램

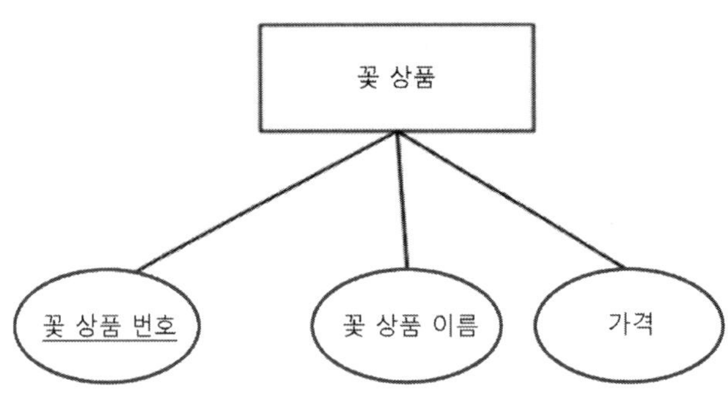

[그림 4.3] 꽃 상품 개체 E-R 다이어그램

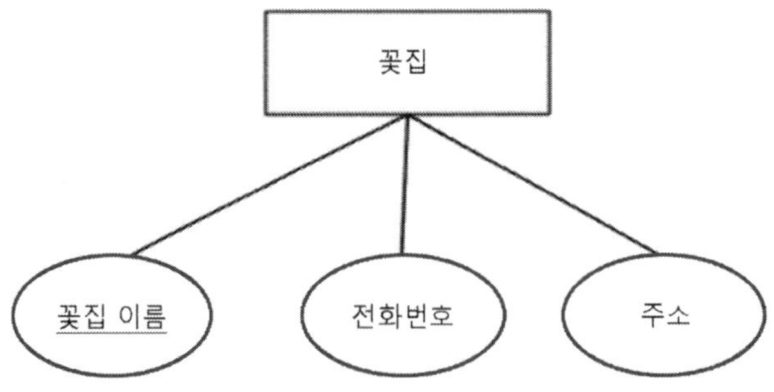

[그림 4.4] 꽃집 개체 E-R 다이어그램

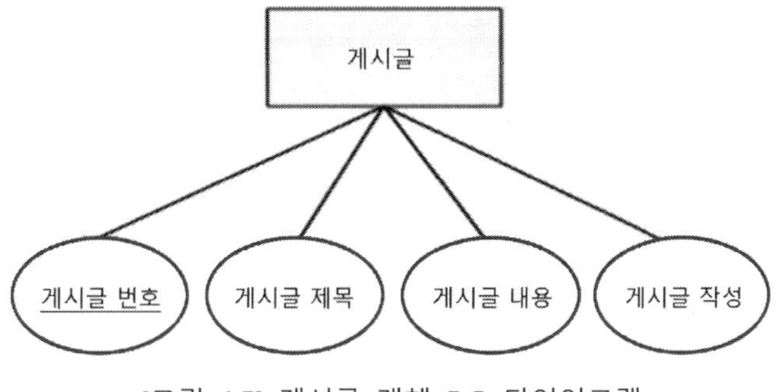

[그림 4.5] 게시글 개체 E-R 다이어그램

4.3.2 관계 추출

개체와 속성을 추출한 후에 개체 간의 관계를 결정할 수 있다. 개체 간의 의미있는 연관성이 있는 관계는 일반적으로 요구 사항을 표현한 문장에서 동사 역할을 한다. 요구사항 명세서에서 동사를 찾아내서 관계를 결정한다. 관계를 결정한 후 매칭 카디널리티(cardinality)를 기준으로 개체와 개체간의 관계를 1:1, 1:n, n:m로 분류한다.

참여 특성은 개체가 관계에 필수적으로 참여하고 있는지 아니면 선택적으로 참여하고 있는지를 의미하는데 매핑 카디날리티 외에 참여특성 또한 결정해야 한다. 관계의 매핑 카디널리티와 참여 특성은 논리적 설계 단계에서 중요하게 적용된다.

- 최고 꽃마트에 회원으로 가입하려면 회원 아이디, 회원이름, 주소, 핸드폰 번호를 입력하여야 한다.
- 회원에서의 회원 아이디가 기본키(Primary Key)가 되어 식별된다.
- 꽃 상품에 대한 꽃 상품번호, 꽃 상품이름, 가격 정보를 유지해야 한다.
- 꽃 상품은 꽃 상품번호가 기본키(Primary Key)가 되어 식별된다.
- 회원은 여러 꽃 상품을 주문할 수 있는, 하나의 꽃 상품을 여러 회원이 주문할 수 있다.
- 회원이 꽃 상품을 주문하면 꽃 주문에 대한 꽃 주문번호, 꽃 주문수량, 배송 주소, 주문일자 정보를 유지해야 한다.
- 각 꽃 상품은 한 꽃집에서 배달하고, 꽃집 하나는 여러 꽃 상품을 배달할 수 있다.
- 꽃집에서 꽃 상품을 배달하면 꽃 배달일자와 꽃 배달수량 정보를 유지해야 한다.
- 꽃집에 대한 꽃집이름, 전화번호, 주소 정보를 유지해야 한다.
- 꽃집은 꽃집이름이 기본키(Primary Key)가 되어 식별된다.
- 회원은 게시판을 통해 원하는 디자인 등 게시글을 여러 개 입력할 수 있고, 게시글 하나는 한명의 회원만 작성할 수 있다.

- 게시글에 대한 게시글 번호, 게시글 제목, 게시글 내용, 게시글 작성날짜 정보를 유지해야 한다.
- 게시글은 게시글 번호가 기본키(Primary Key)가 되어 식별된다.

[표 4.2] 요구사항 명세서에서 최종으로 추출한 관계 결과

관계	관계에서 참여하는 개체	관계유형	속성
주문	회원(선택) 꽃상품(선택)	n:m	꽃주문번호, 꽃주문수량, 배송주소, 주문일자
배달	꽃상품(필수) 꽃집(선택)	1:n	꽃배달일자, 꽃배달수량
작성	회원(선택) 게시글(필수)	1:n	속성없음

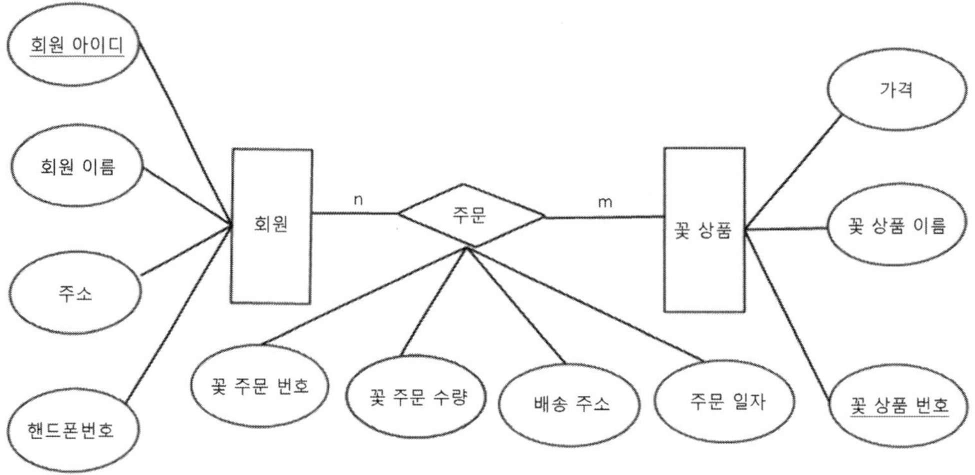

[그림 4.6] 주문관계 E-R 다이어그램

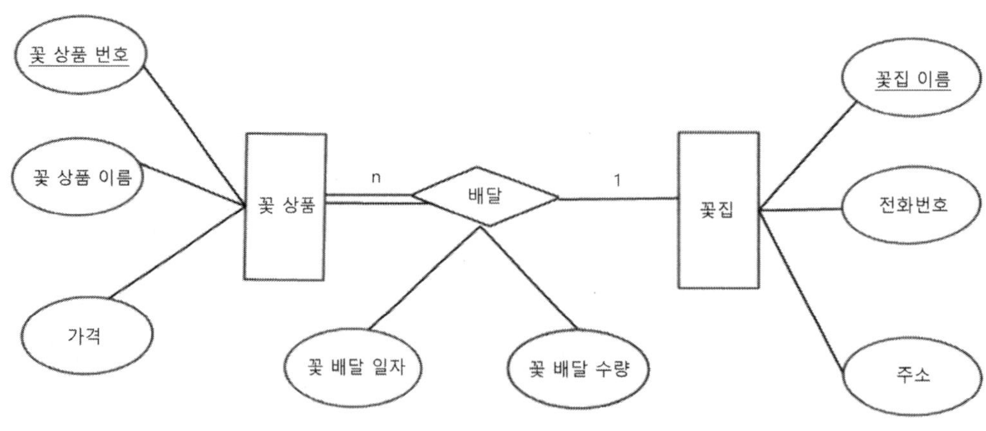

[그림 4.7] 배달관계 E-R 다이어그램

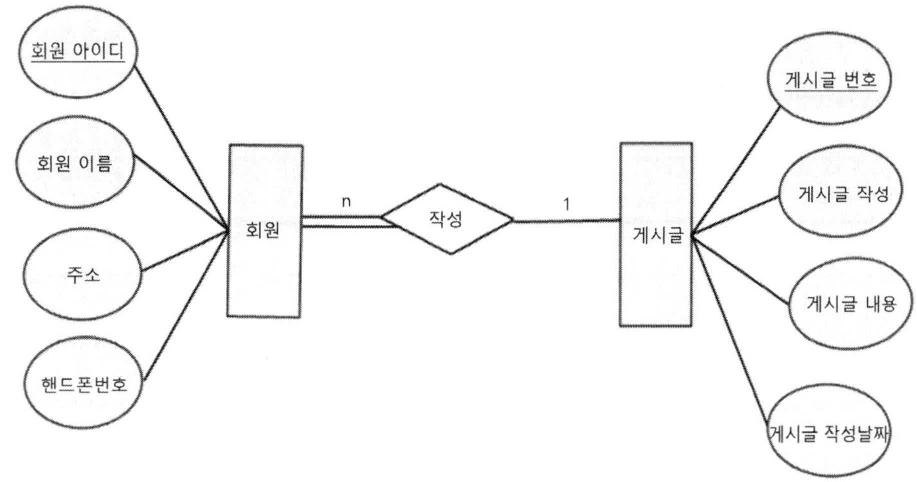

[그림 4.8] 작성관계 E-R 다이어그램

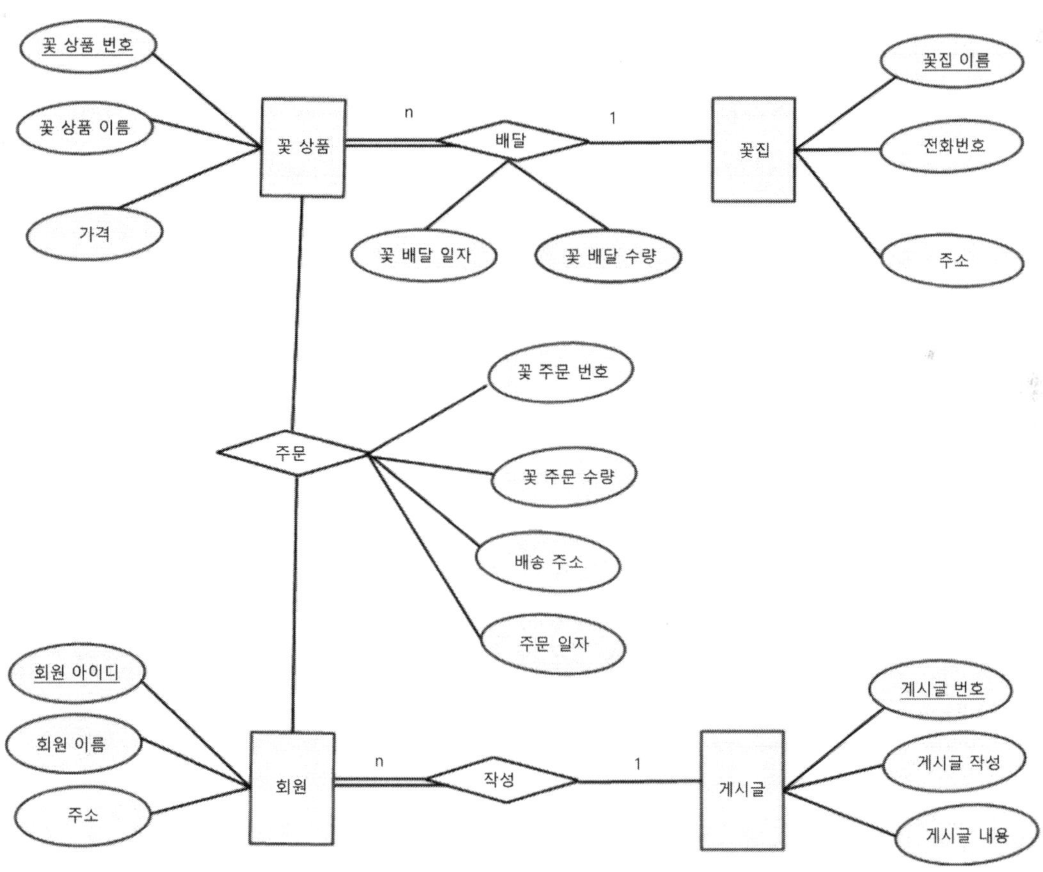

[그림 4.9] 최고 꽃가게 요구사항 명세서 E-R 다이어그램

4.4 논리적 설계

컨트롤이 개념적 설계 단계의 산출물인 E-R 다이어그램을 관계 데이터 모델의 릴레이션 스키마로 변환하는 작업을 한다.

- 모든 개체의 릴레이션화를 보여준다.

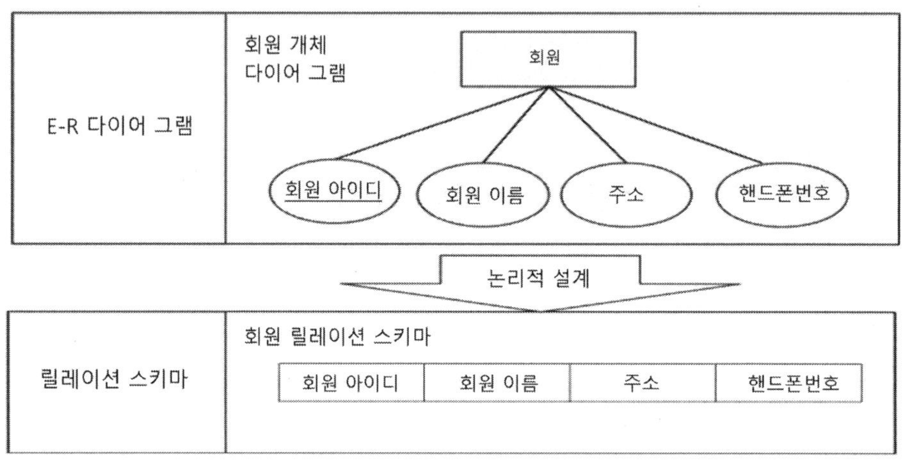

[그림 4.10] 회원 릴레이션 스키마

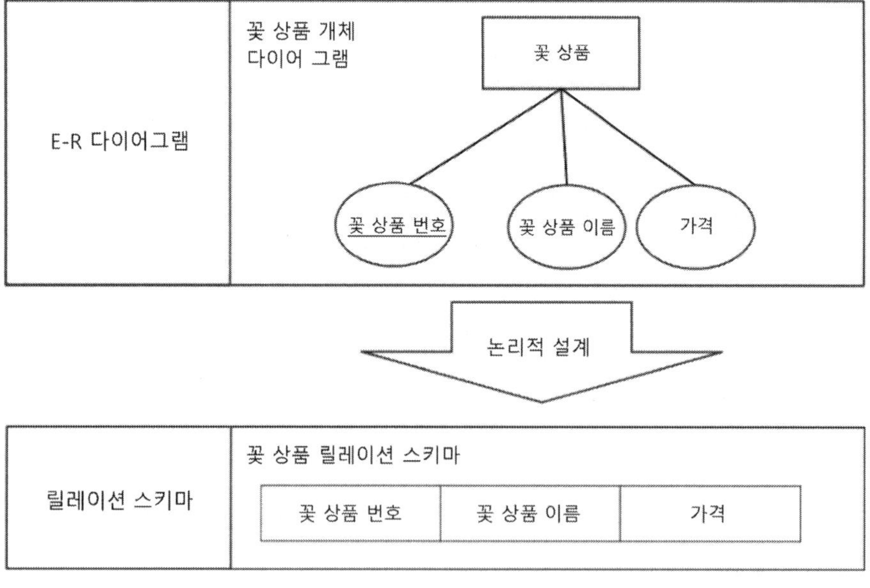

[그림 4.11] 꽃 상품 릴레이션 스키마

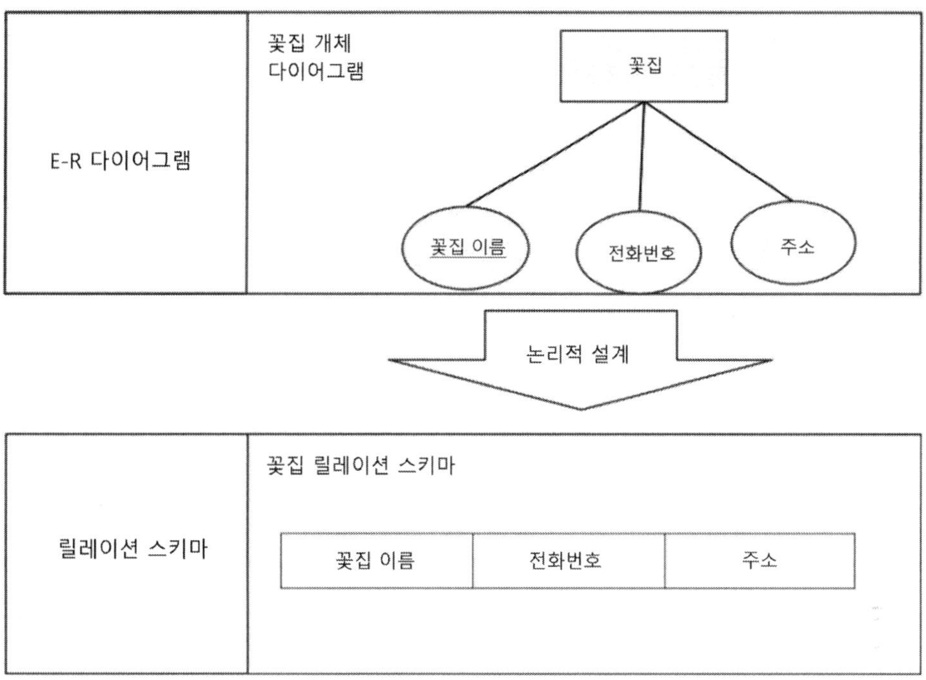

[그림 4.12] 꽃집 릴레이션 스키마

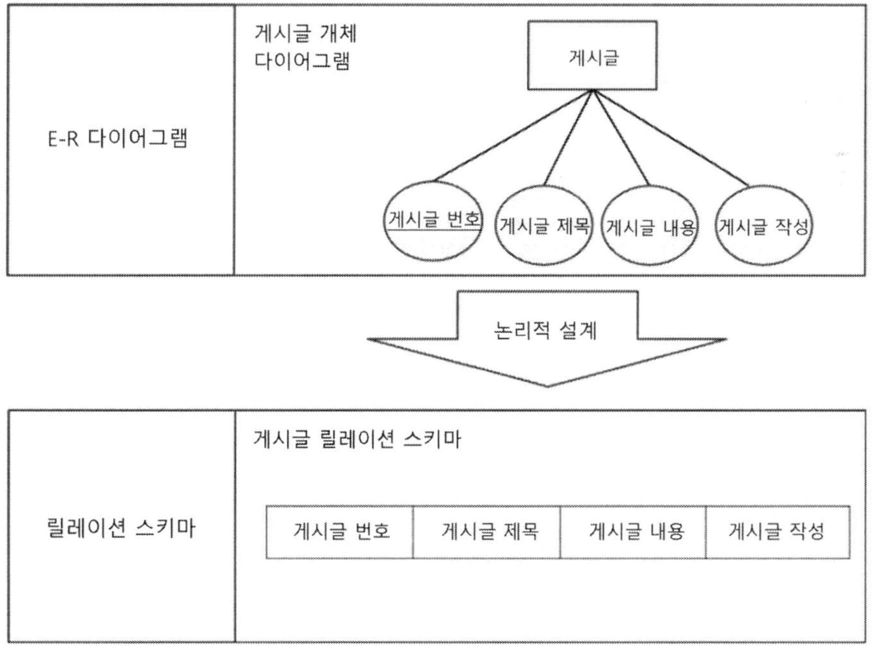

[그림 4.13] 게시글 릴레이션 스키마

- 일대다 관계의 외래키로 표현한다.

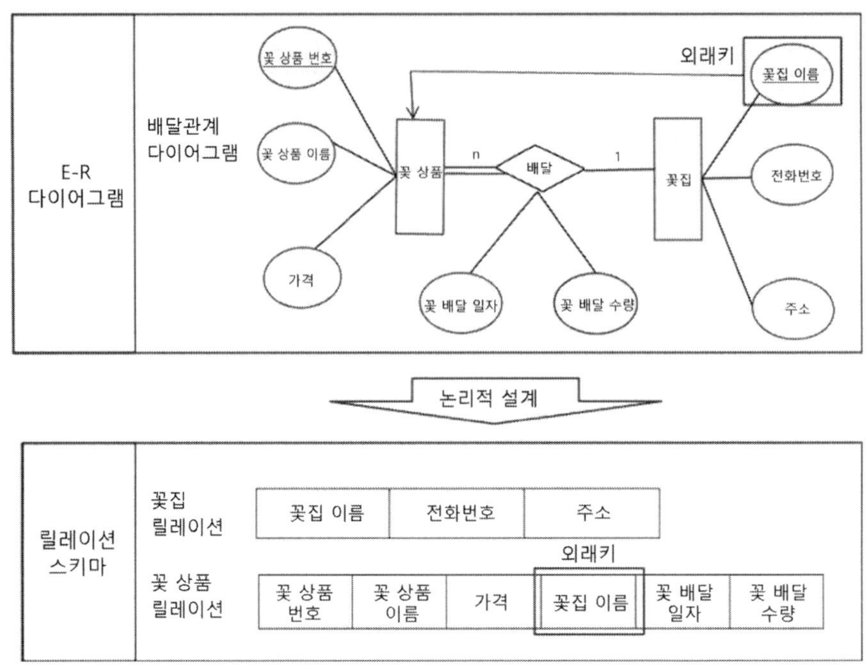

[그림 4.14] 꽃집-꽃 상품 릴레이션 스키마

- 다대다 관계의 릴레이션으로 표현한다.

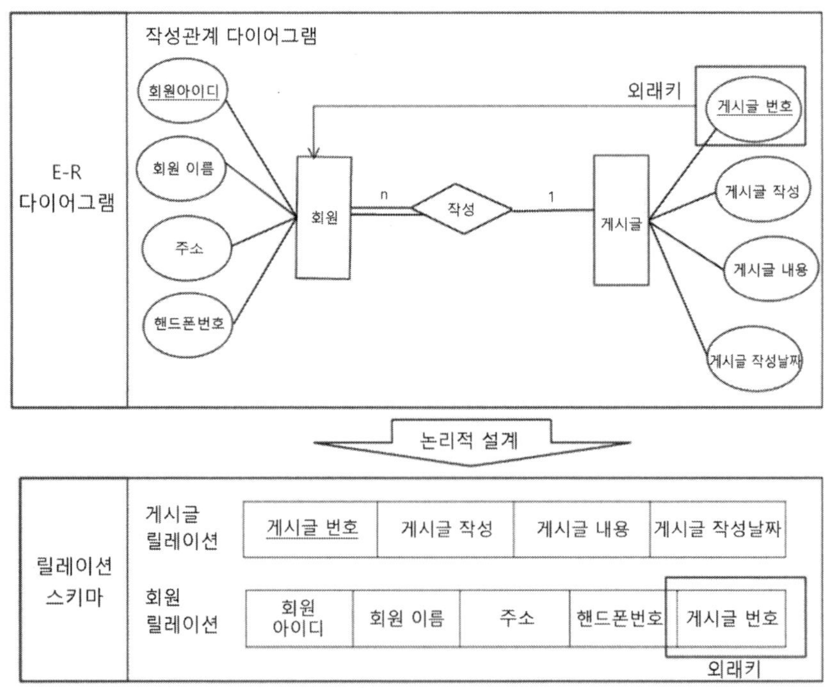

[그림 4.15] 회원-게시글 릴레이션 스키마

E-R 다이어그램에 있는 다대다 관계를 하나의 릴레이션으로 변환한다. 관계의 이름을 릴레이션 이름으로 하고 관계의 속성도 릴레이션 속성으로 변환한다.

회원 릴레이션의 기본키인 회원 아이디와 꽃 상품 릴레이션의 기본키인 꽃 상품번호가 주문 릴레이션에서는 외래키로 각각 지정하고 회원아이디와 꽃 상품번호를 조합하여 기본키로 설정한다.

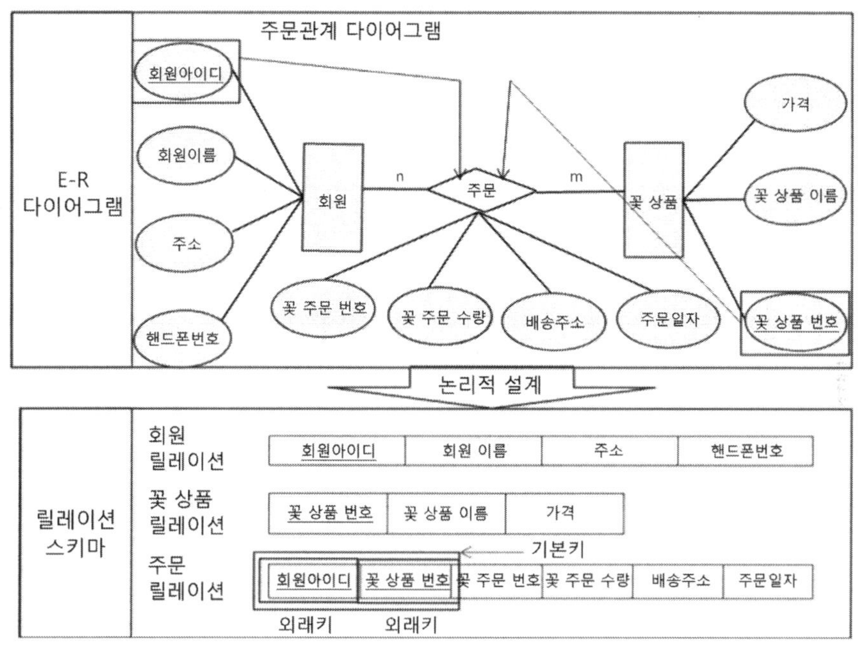

[그림 4.16] 주문 릴레이션 스키마

4.5 물리적 설계와 구현

논리적 설계 단계에서 릴레이션 스키마의 설계를 완료하면, 물리적 설계 단계에서는 하드웨어, 운영체제 특성을 고려하여 필요한 인덱스의 구조와 내부 저장 구조 등에 대한 물리적인 구조를 설계한다. 마지막으로 DBMS를 이용해 SQL 구문을 작성하고 이를 실행시켜서 데이터베이스를 실제로 생성하면 데이터베이스 개발이 완료된다.

6장과 7장 실제적으로 SQL 구문을 실행시켜 데이터베이스 생성에 대한 실습을 하고자 한다. 여기에서는 회원, 꽃 상품 릴레이션을 실제로 생성하는 SQL 구문의 예시로 간략하게 제시하고자 한다.

```
CREATE TABLE 회원 {

회원아이드 VARCHAR2(30) NOT NULL;
회원이름 VARCHAR2(30) NOT NULL;
주소 VARCHAR2(30) NOT NULL;
핸드폰번호 NUMBER(20);
PRIMARY KEY(회원아이디)

};
```

연습문제

[문제 1] 데이터베이스 설계의 5단계를 순서대로 나열하고 각각 설명하시오.

[문제 2] 개념적 설계에 대해 설명하시오.

[문제 3] 논리적 설계에 대해 설명하시오.

[문제 4] 다음 E-R 다이어그램을 릴레이션 스키마로 변환하시오.

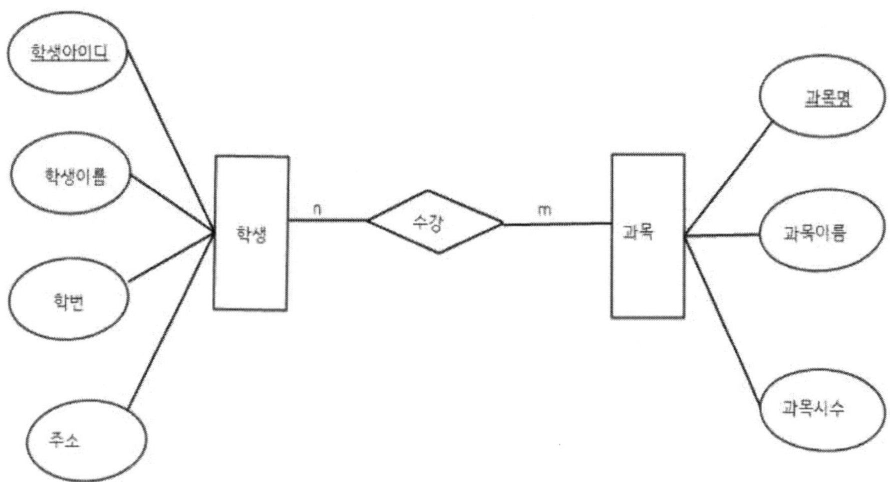

[문제 5] 학생의 릴레이션을 SQL구문으로 작성해 보시오.

제 5 장

정규화

5.1 이상 현상
5.2 함수 종속
5.3 정규화 과정

5.1 이상 현상

4장에서는 E-R 모델과 릴레이션 변환 규칙을 이용한 데이터베이스 설계 방법에 대해 설명하였다. 이 장에서는 새로 만들어진 릴레이션에 튜플을 추가 삽입, 갱신, 삭제 시에 이상(Anomaly) 현상은 없는지 또는 릴레이션을 구성하는 속성들간의 함수적인 종속 관계가 제대로 설정되어 있는지, 릴레이션이 정규화의 규칙에 의해 개선되어 졌는지 등을 살펴볼 것이다.

5.1.1 이상 현상

릴레이션에서 일부 속성들의 종속으로 인해 데이터의 중복이 발생하여 테이블 조작 시 불일치가 발생하는 것이다.

1. 삽입 이상

불필요한 정보를 함께 저장하지 않고는 추가 정보를 저장하는 것이 가능하지 않다. 신규 과목을 추가할 경우 불필요한 회원 정보까지 추가해야 한다.

다음의 학생 테이블에서 '구승본' 학생이 'cs201' 과목을 추가할 경우 불필요한 정보 즉, 학생 ID, 수강과목명까지 추가해야 한다.

[학생 테이블]

학생 ID	학생이름	수강과목번호	수강과목명
20170101	나일영	cs101	자료구조
20170102	류인영	cs201	데이터베이스
20170103	구승본	cs301	알고리즘
20170101	나일영	cs201	데이터베이스
20170102	류인영	cs301	알고리즘
20170102	류인영	cs101	자료구조
20170103	구승본	cs101	자료구조

삽입 이상

20170103	구승본	cs101	자료구조

2. 갱신 이상

반복된 데이터 중에 일부만 수정하면 데이터의 불일치가 발생한다.

한 학생의 수강과목 하나를 변경할 경우 모든 속성의 수강과목을 변경해야 한다. 이때, 하나만 변경할 경우 데이터의 불일치가 발생한다.

다음의 학생 테이블에서 '구승본' 학생이 수강과목 'cs301'를 'cs201'로 갱신할 경우 수강과목명 또한 갱신되어야 한다.

[학생 테이블]

학생 ID	학생이름	수강과목번호	수강과목명
20170101	나일영	cs101	자료구조
20170102	류인영	cs201	데이터베이스
20170103	구승본	cs301	알고리즘
20170101	나일영	cs201	데이터베이스
20170102	류인영	cs301	알고리즘
20170102	류인영	cs101	자료구조
20170103	구승본	cs101	자료구조

갱신 이상

20170103	구승본	cs201	알고리즘

3. 삭제 이상

유용한 정보를 함께 삭제하지 않고서는 어떤 정보를 삭제하는 것이 불가능하다. 한명 학생의 데이터를 삭제하고자 할 경우 중요 수강과목이 알고리즘 과목까지 삭제되어 버린다.

다음의 학생 테이블에서 '구승본' 학생이 수강한 과목 'cs101'만 취소하고자 삭제를 하고자 한다면 'cs101'만 삭제되는 것이 아니고 '구승본' 학생의 학생 ID 등 유용한 정보를 손실할 수 있다.

[학생 테이블]

학생 ID	학생이름	수강과목번호	수강과목명
20170101	나일영	cs101	자료구조
20170102	류인영	cs201	데이터베이스
20170103	구승본	cs301	알고리즘
20170101	나일영	cs201	데이터베이스
20170102	류인영	cs301	알고리즘
20170102	류인영	cs101	자료구조
20170103	구승본	cs101	자료구조

삭제 이상

20170103	구승본	cs101	자료구조

5.2 함수 종속

릴레이션의 속성들 간의 관계에서 한 속성이 다른 속성을 결정하거나 혹은 다른 속성이 한 속성에 종속되는 것을 함수 종속성이라고 하는데 함수 종속성을 이용하여 릴레이션을 관련 있는 속성들로만 구성되도록 분해해서 이상 현상이 발생하지 않도록 타당한 릴레이션으로 만들어 가는 과정을 정규화라고 한다. 정규화 과정을 설명하기 전에 함수 종속성에 대해 간략하게 알아보고자 한다.

학생수강과목 테이블에서 학생 ID가 학생이름과 수강과목번호를 결정짓는다.

즉 학생이름과 수강과목번호는 학생 ID에 종속된다.

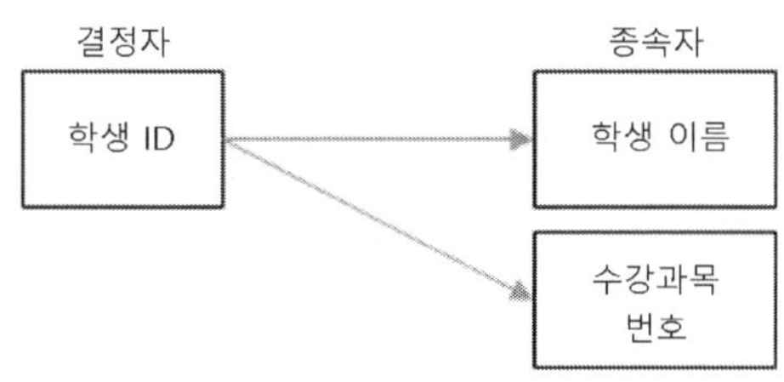

[그림 5.1] 함수 종속성 다이어그램

학생 ID와 학생이름과 수강과목번호가 불일치되는 이상 현상을 방지하기 위해 함수 종속성에 의해 속성간의 관계가 설정 되어야 한다.

[학생 테이블]

학생 ID	학생이름	수강과목번호	수강과목명
20170101	나일영	cs101	자료구조
20170102	류인영	cs201	데이터베이스
20170103	구승본	cs301	알고리즘
20170101	나일영	cs201	데이터베이스
20170102	류인영	cs301	알고리즘
20170102	류인영	cs101	자료구조
20170103	구승본	cs101	자료구조

함수 종속성 위배

20170101	김길영	cs101	자료구조
20170102	이상화	cs201	데이터베이스
20170103	나두야	cs301	알고리즘

5.3 정규화 과정

함수 종속성에서 이미 설명한 바와 같이 릴레이션을 관련 있는 속성들로만 구성 되도록 분해해서 이상 현상이 발생하지 않도록 타당한 릴레이션으로 만들어 가는 과정을 정규화라고 한다.

다음과 같이 정규화 전체 과정 중 대부분의 시스템에서는 제 3정규형 까지의 정규화를 채택하므로 이 장에서는 비정규화 테이블에서 제1정규화에서 제3정규화 과정을 살펴보고자 한다.

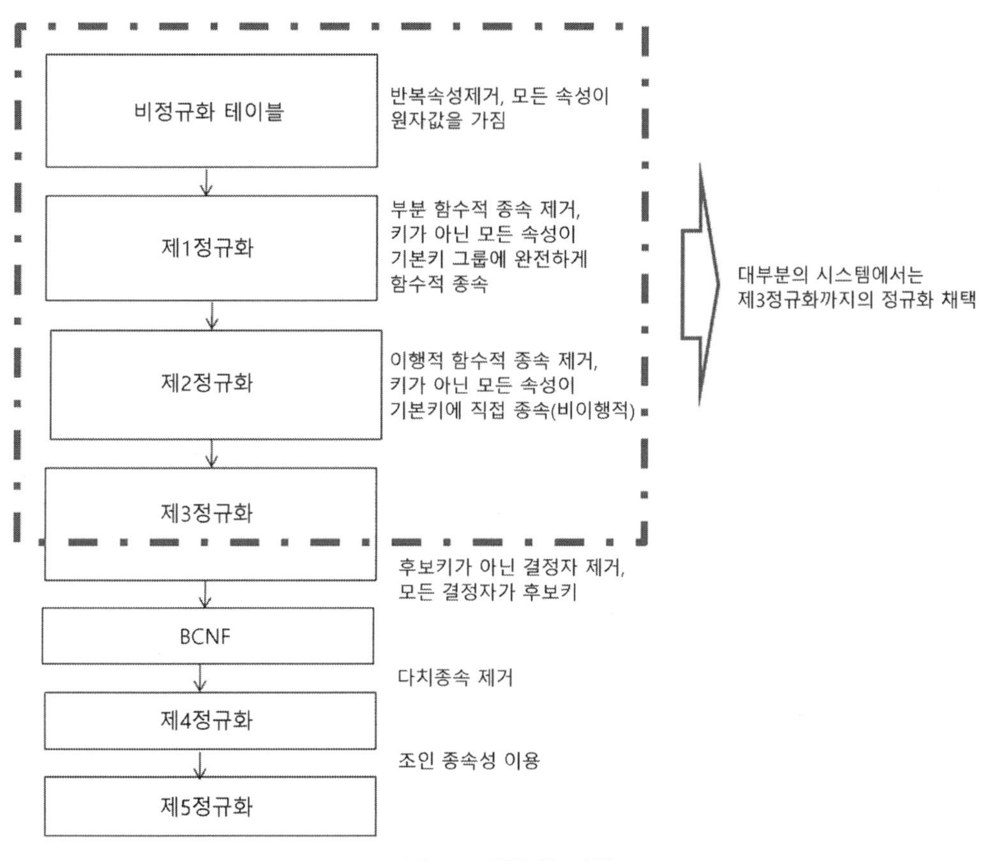

[그림 5.2] 정규화 과정

정규화 구축목표는 테이블을 올바른 형태로 변경, 테이블을 규정된 올바른 형태로 개선하는 것이다.

5.3.1 제1정규화

- 위배 사항 : 하나의 튜플 마다 하나 이상의 속성이 있다(하나의 셀에 여러 개의 데이터가 있다.).
- 개선 내용 : 속성값이 원자값을 가질 때까지 분해한다(여러 개의 데이터를 하나의 셀에 각각 넣는다.).
- 예제 : 기본키 작성

<제1정규화 위배>

학생 ID	학생이름	수강과목
20170101	나일영	cs101 자료구조
20170102	류인영	cs201 데이터베이스
20170103	구승본	cs301 알고리즘

<제1정규화>

학생 ID	학생이름	수강과목번호	수강과목명
20170101	나일영	cs101	자료구조
20170102	류인영	cs201	데이터베이스
20170103	구승본	cs301	알고리즘

5.3.2 제2정규화

- 위배 사항 : 중복된 속성(데이터)을 열 방향이 아닌 행 방향으로 분할되어 있다.
- 개선 내용 : 중복된 속성(데이터)을 행 방향이 아닌 열 방향으로 분할한다.
- 예제 : 중복된 속성(데이터)를 열 방향으로 테이블 분할한다.

<제2정규화 위배>

학생 ID	학생이름	수강과목	수강과목명
20170101	나일영	cs101	자료구조
20170102	류인영	cs201	데이터베이스
20170103	구승본	cs301	알고리즘
20170101	나일영	cs201	데이터베이스
20170102	류인영	cs301	알고리즘
20170102	류인영	cs101	자료구조
20170103	구승본	cs101	자료구조

<제2정규화>

학생 ID	학생이름
20170101	나일영
20170102	류인영
20170103	구승본
20170101	나일영
20170102	류인영
20170102	류인영
20170103	구승본

학생 ID	수강과목	수강과목명
20170101	cs101	자료구조
20170102	cs201	데이터베이스
20170103	cs301	알고리즘
20170101	cs201	데이터베이스
20170102	cs301	알고리즘
20170102	cs101	자료구조
20170103	cs101	자료구조

5.3.3 제3정규화

제3정규화 또한 중복하는 부분을 찾아내어 테이블을 분할하는 방법이다. 제2정규화의 경우 기본키에 중복이 없는지 찾았고, 제3정규화에서는 기본키 이외의 중복이 없는지를 살펴본다.

- 위배 사항 : 기본키가 아닌 속성(데이터)가 중복되어 있다.
- 개선 내용 : 중복된 속성(데이터)를 열 방향으로 분할한다.
- 예제 : 기본키가 아닌 중복된 데이터를 열 방향으로 테이블을 분할한다.

<제3정규화 위배>

학생 ID	학생이름	수강과목	수강과목명
20170101	나일영	cs101	자료구조
20170102	류인영	cs201	데이터베이스
20170101	나일영	cs301	알고리즘
20170102	류인영	cs201	데이터베이스
20170103	구승본	cs101	자료구조
20170103	구승본	cs201	데이터베이스
20170102	류인영	cs301	알고리즘

<제3정규화>

수강과목	학생 ID
cs101	20170101
cs101	20170102
cs101	20170103
cs201	20170102
cs201	20170103
cs301	20170101
cs301	20170102

학생 ID	이름
20170101	나일영
20170102	류인영
20170103	구승본

연습문제

[문제 1] 정규화의 이상 현상 3가지를 각각 작성하고 자세하게 설명하시오.

[문제 2] 제1정규화에 대해 설명하시오.

[문제 3] 제2정규화에 대해 설명하시오.

[문제 4] 제3정규화에 대해 설명하시오.

[문제 5] 함수 종속성에 대해 설명하시고 다음의 사원 테이블에서 결정자와 종속자를 구분하여 작성하시오.

[사원 테이블]

사원아이디	사원이름	평가
11111	나일영	A
22222	류인영	B
33333	구승본	C

[문제 6] 다음의 사원 테이블에 제1정규화를 적용시켜 테이블을 새로 생성시키시오.

[회원 테이블]

회원아이디	이름	꽃상품
11111	나일영	flower_1 장미
22222	류인영	flower_2 국화
33333	구승본	flower_3 백합화

[문제 7] 위의 테이블에 제1정규화 적용시킨 후 제2정규화를 적용시켜 테이블을 새로 생성하시오.

[문제 8] 제2정규화를 적용 시킨 후 제3정규화를 적용시켜 테이블을 새로 생성하시오.

[제 6 장]

SQL 테이블 생성 명령어

6.1 DDL 명령어
6.2 테이블 생성
6.3 테이블 속성 변경
6.4 테이블 열 추가
6.5 테이블 제거
6.6 테이블 이름 변경
6.7 테이블 행 제거

6.1 DDL 명령어

DDL(Data Definition Language)은 데이터베이스 객체의 생성 또는 변경할 때 사용한다. 여기에는 CREATE, ALTER, RENAME TRUNCATE, DROP 등의 명령어가 있다. 주의할 점은 명령어의 끝은 항상 ;으로 끝낸다는 점을 기억해야 한다는 것이다.

CREATE로 테이블을 생성하기 전에 아울러 알아야 할 내용이 있다. 기본적인 데이터의 형과 명령어 DROP, INSERT, SELECT 문을 알고 실습을 진행해야 되기에 기본적인 내용을 먼저 다룬다.

1. CREATE 명령어

```
 CREATE TABLE 테이블명
(속성1 자료형1 [NULL | NOT NULL],
 속성2 자료형2 [NULL | NOT NULL],
 …
 속성n 자료형n [NULL | NOT NULL]);
```

* '[ ]' 기호는 선택 사항
* '|' 기호는 '또는'을 나타냄
* 속성에 널 값을 허용하지 않으려면 'NOT NULL'을 제약 조건으로 기술

이때 사용되는 기본 자료형의 형태는 다음과 같다.

- NUMBER(정수 전체 자리 수) : 정수 타입으로 정수의 길이를 포함하여 선언한다.
- NUMBER(PRECISION, SCALE) PRECISION : 소숫점을 포함한 전체 자리 수이며, SCALE은 소숫점 이하 자리수이다.
- VARCHAR2() : 가변길이의 문자열을 저장한다.
- CHAR() : 고정길이 문자열을 저장한다.
- DATE : 년/월/일 형태로 저장된다.

2. DROP 명령어

```
drop table 테이블명;
```

테이블을 삭제하는 경우 사용한다.

3. INSERT 명령어

```
insert into 테이블명 values(...);
```

테이블에 (...) 속의 레코드를 입력한다.

4. SELECT 명령어

```
select * from 테이블명;
```

테이블의 모든 레코드를 검색한다. 여기서 모두는 *로 나타낸다.

6.2 테이블 생성

테이블을 처음으로 생성할 때 사용하는 명령어는 CREATE이다. 이 명령어의 구문 내 사용을 쉽게 이해하기 위해 테이블을 처음으로 만드는 단계부터 순서대로 예를 들어보겠다.

여기서 테이블의 이름을 'Address'라고 하자.

[Address]

성명	주소	나이	성별
홍길동	서울 송파구	55	1
갑돌이	서울 동대문구	43	1
갑순이	경기 성남시	34	2
김삿갓	경기 성남시	20	1
황진이	경기 인천시	18	2

(1) 먼저 각 필드별로 필드명과 속성을 결정한다. 다음과 같이 시스템에 로그인한다.

```
비밀번호 : DBAdmin2010
```

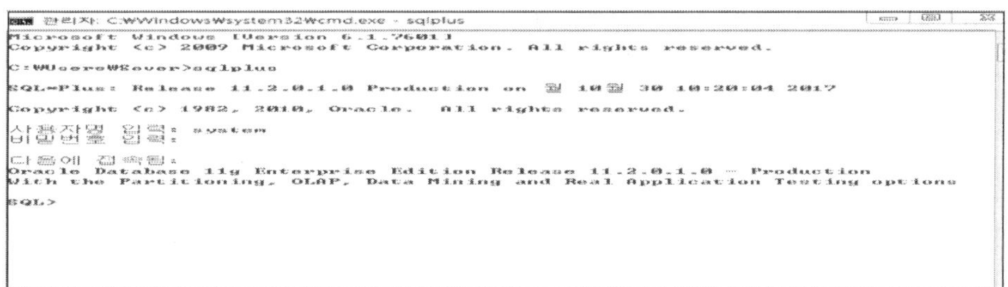

(2) 다음은 테이블을 생성한다. 테이블명은 address라고 하였다.

```
create table address(
        name varchar2(10),
        address varchar2(40),
        age number(3),
        sex number(1));
```

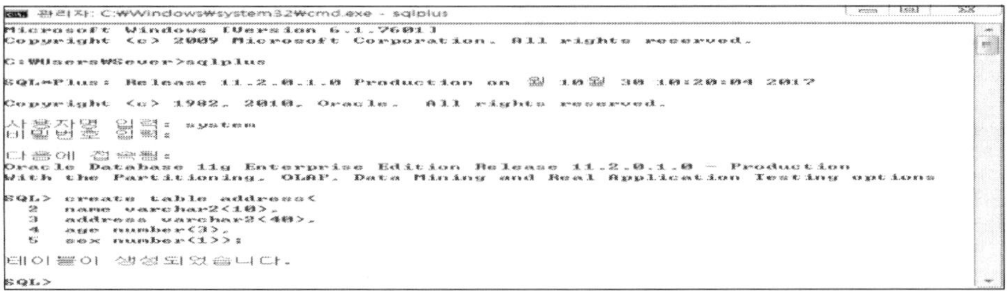

```
관리자: C:\Windows\system32\cmd.exe - sqlplus
Microsoft Windows [Version 6.1.7601]
Copyright (c) 2009 Microsoft Corporation. All rights reserved.

C:\Users\Sever>sqlplus

SQL*Plus: Release 11.2.0.1.0 Production on 월 10월 30 10:20:04 2017

Copyright (c) 1982, 2010, Oracle.  All rights reserved.

사용자명 입력: system
비밀번호 입력:

다음에 접속됨:
Oracle Database 11g Enterprise Edition Release 11.2.0.1.0 - Production
With the Partitioning, OLAP, Data Mining and Real Application Testing options

SQL> create table address(
  2  name varchar2(10),
  3  address varchar2(40),
  4  age number(3),
  5  sex number(1));

테이블이 생성되었습니다.

SQL>
```

(3) 데이터 5개를 입력한다.

홍길동	서울 송파구	55	1
갑돌이	서울 동대문구	43	1
갑순이	경기 성남시	34	2
김삿갓	경기 성남시	20	1
황진이	경기 인천시	18	2

이때, 사용하는 명령은 DML 명령어인 insert가 있다. 먼저 홍길동을 입력해 보자.

```
SQL> insert into address values('홍길동', '서울 송파구', 55, 1);
```

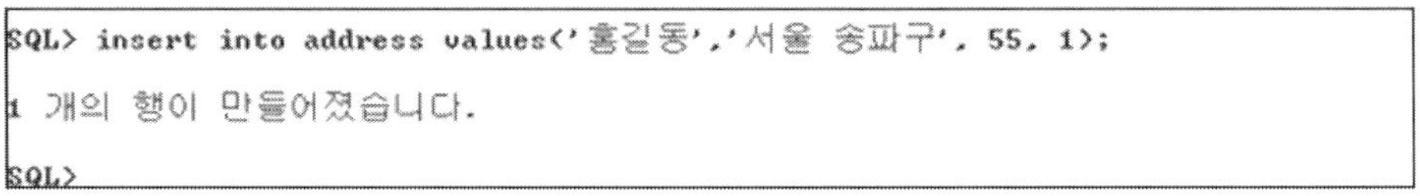

```
SQL> insert into address values('홍길동','서울 송파구', 55, 1);

1 개의 행이 만들어졌습니다.

SQL>
```

(4) 제대로 입력이 되었는지 확인하려면 다음과 같이 select 문을 사용한다.

```
SQL> select * from address;
```

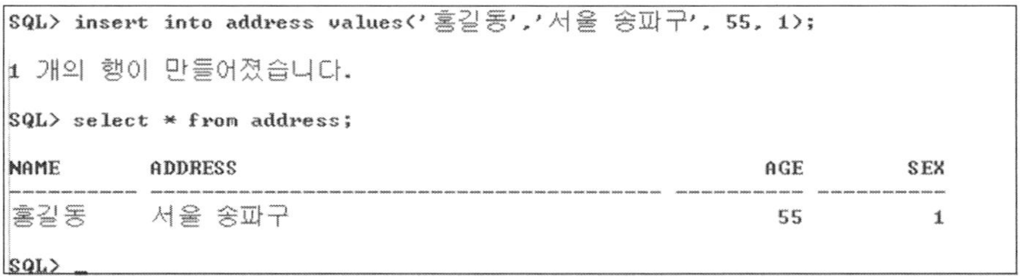

```
SQL> insert into address values('홍길동','서울 송파구', 55, 1);

1 개의 행이 만들어졌습니다.

SQL> select * from address;

NAME       ADDRESS                                         AGE        SEX
---------- ---------------------------------------- ---------- ----------
홍길동     서울 송파구                                      55          1

SQL> _
```

(5) 계속해서 나머지 데이터를 입력한다.

```
SQL> insert into address values('갑돌이','서울 동대문구', 43, 1);

1 개의 행이 만들어졌습니다.

SQL> insert into address values('갑순이','경기 성남시', 34,2);

1 개의 행이 만들어졌습니다.

SQL> insert into address values('김삿갓','경기 성남시', 20,1);

1 개의 행이 만들어졌습니다.

SQL> insert into address values('황진이','경기 인천시', 18,2);

1 개의 행이 만들어졌습니다.

SQL>
```

(6) address 테이블의 내용을 select 문을 사용하여 확인해 보자.

```
SQL> select * from address;

NAME       ADDRESS                                  AGE        SEX
---------- ---------------------------------------- ---------- ----------
홍길동     서울 송파구                               55          1
갑돌이     서울 동대문구                             43          1
갑순이     경기 성남시                               34          2
김삿갓     경기 성남시                               20          1
황진이     경기 인천시                               18          2

SQL> _
```

(7) employee 테이블 생성 명령어를 직접 컴퓨터로 실행해 보자. employee 테이블을 생성한다.

```
create table employee(
        id varchar2(10),
       name varchar2(10),
       dept varchar2(10),
       salary number(10));
```

(8) 추가로 데이터 5개를 입력한다.

1111	홍길동	마케팅	2000
2222	갑돌이	영업	3000
3333	갑순이	연구소	2500
4444	김삿갓	품질	2000
5555	나원일	영업	1800

```
SQL> insert into employee values(1111, '홍길동', '마케팅', 2000);
```

(9) 제대로 입력이 되었는지 확인해 보자.

```
SQL> select * from address;
```

(10) 계속해서 나머지 데이터를 입력한다.

```
SQL> insert into employee values(2222, '갑돌이', '영업', 3000);
SQL> insert into employee values(3333, '갑순이', '연구소', 2500);
SQL> insert into employee values(4444, '김삿갓', '품질', 2000);
SQL> insert into employee values(5555, '나원일', '영업', 1800);
```

(11) employee 테이블의 내용을 select 문을 사용하여 확인해 보자.

```
SQL> select * from employee;
```

(12) NULL 값이 있는 employee1 테이블 생성 명령어를 직접 컴퓨터로 실행해 보자. employee1 테이블을 생성한다.

```
create table employee1(
         id varchar2(10),
        name varchar2(10),
        dept varchar2(10),
        salary number(10));
```

(13) 추가로 데이터 5개를 입력한다.

1111	홍길동	마케팅	연봉
2222	갑돌이	영업	
3333	갑순이	연구소	
4444	김삿갓	품질	
5555	나원일	영업	

```
SQL> insert into employee1 values(1111, '홍길동', '마케팅',
     NULL);
```

(14) 제대로 입력이 되었는지 확인해 보자.

```
SQL> select * from address1;
```

(15) 계속해서 나머지 데이터를 입력한다.

```
SQL> insert into employee1 values(2222, '갑돌이', '영업', NULL);
SQL> insert into employee1 values(3333, '갑순이', '연구소', NULL);
SQL> insert into employee1 values(4444, '김삿갓', '품질', NULL);
SQL> insert into employee1 values(5555, '나원일', '영업', NULL);
```

(16) employee1 테이블의 내용을 select 문을 사용하여 확인해 보자.

```
SQL> select * from employee1;
```

6.3 테이블 속성 변경

MODIFY 명령어는 컬럼의 속성 값을 변경해주는 기능을 한다. number(3) -> varchar(10)로 변경할 수 있다. 이때, 문제는 이미 테이블에 데이터가 있을 경우 변경할 수 없다는 것이다. 단지 유사한 형식으로 수정할 때만 변경 가능하다.

즉, varchar2(40) → varchar2(50), number(2) → number(10)로 변경가능하지만, varchar2 → number 변경, 즉 문자 → 숫자 변경은 불가능하다. 왜냐하면, 문자가 숫자로 될 수 없기 때문이다.

```
ALTER TABLE + 테이블명 + MODIFY + 컬럼 + 변경해줄 형식,속성(용량);
```

(1) 컬럼(필드)속성 변경을 위해 sample 테이블을 만들어 본다.

```
create table example(
      name varchar2(10)
      address varchar2(40)
      age varchar(3)
      sex number(1));
```

```
SQL>
SQL> create table example(
  2  name varchar2(10),
  3          address varchar2(40),
  4          age number(3),
  5          sex number(1)):

테이블이 생성되었습니다.
```

(2) 테이블만 생성했을 경우의 테이블을 조회한다.

```
SQL> select * from example;
```

```
SQL> select * from example:

선택된 레코드가 없습니다.
```

(3) example table의 age 필드의 속성인 number(2)를 varchar2(10)으로 변경해 본다.

```
SQL> alter table address modify age varchar2(10);
```

```
SQL> alter table example modify age varchar2(10);
테이블이 변경되었습니다.
```

(4) 테이블에 데이터가 있을 경우 필드의 속성을 변경하지 못하는 것을 보여 주기 위해 example table에 데이터 한 개를 입력 후 address 필드 속성을 변경해 보고 변경하지 못하는 결과와 함께 에러 발생을 확인 해 본다.

```
SQL> insert into example values('김길동', '강남 논현동', '23', 1);
```

```
SQL> insert into example values('김길남', '강남 논현동', '23', 1);
1 개의 행이 만들어졌습니다.
```

(5) 테이블 내용을 확인한다.

```
SQL> select * from example;
```

```
SQL> select * from example;
NAME        ADDRESS                                   AGE          SEX
----------- ----------------------------------------- ------------ ----------
김길남      강남 논현동                               23                    1
```

(6) example 테이블의 age 속성 varchar2(3)을 number(3)으로 변경해 본다.

```
SQL> alter table example modify age varchar2(3);
```

변경해 본 결과 데이터 유형을 변경할 열이 비어있지 않으면 에러가 발생하는 것을 알 수 있다.

```
SQL> alter table example modify age number(3);
alter table example modify age number(3)
                               *
1행에 오류:
ORA-01439: 데이터 유형을 변경할 열은 비어 있어야 합니다
```

테이블에 데이터가 있다고 하더라도 필드의 속성이 변하지 않고 필드의 속성의 길이가 변화를 할 경우 이는 가능하다.

하나의 예로 example 테이블의 age 필드 속성은 number로 동일하게 유지하고 길이만 3에서 10으로 변경할 경우 변경가능하다.

```
SQL>
SQL> alter table example1 modify address varchar2(50);

테이블이 변경되었습니다.
```

(7) 또 다른 하나의 예로 데이터가 있는 age 필드의 속성인 number(3)을 number(10)으로 변경해 본다.

```
SQL> alter table example1 modify age number(10);
```

```
SQL> alter table example1 modify age number(10);

테이블이 변경되었습니다.
```

6.4 테이블 열 추가

ALTER 명령어는 테이블에 컬럼(Column)을 추가하는 기능을 한다.

```
SQL> alter table + 테이블명 + add (컬럼 형식(용량));
```

```
SQL> alter table example add ID number(10);
```

이미 만들어 둔 example 테이블에 필드를 추가하는 명령의 형식은 alter table, 테이블명, add(추가하고자 하는 필드이름과 필드속성) 순서로 작성한다.

```
SQL> alter table example add ID number(10);

테이블이 변경되었습니다.
```

테이블에서 ID 필드가 추가된 결과를 본다.

```
SQL> select * from example;
```

```
SQL> select * from example;
NAME       ADDRESS                                   AGE        SEX
---------- ---------------------------------------- ---------- ----------
        ID
----------
김길남     강남 논현동                                  23          1
```

6.5 테이블 제거

DROP 명령어는 테이블에 있는 열을 삭제해주는 기능을 한다. 행을 삭제해 줄 경우 DELETE 문을 사용해준다.

```
SQL> alter table + 테이블명 + drop column + column;
```

(1) example table의 ID column을 삭제한다. 그 결과 ID column이 없는 테이블 전체 내용이 결과로 나타났다.

```
SQL> alter table example drop column ID;
```

```
SQL>
SQL> alter table example drop column ID;

테이블이 변경되었습니다.

SQL> select * from example;

NAME       ADDRESS                                    AGE        SEX
---------- ---------------------------------------- ---------- ----------
김길남     강남 논현동                                  23          1
```

(2) 컬럼(필드)속성 변경을 위해 sample1 테이블을 만들어 본다.

```
create table example1(
        name varchar2(10),
       address varchar2(40),
       age number(3),
       sex number(1));
```

(3) 테이블에 데이터 만들어졌는지 확인해 본다.

```
SQL> select * from example1;
```

(4) example1 table의 name 필드 속성인 varchar2(10)를 varchar2(20)으로 변경해 본다.

```
SQL> alter table example1 modify name varchar2(20);
```

(5) example1 table에 한 개의 데이터를 입력한다.

```
SQL> insert into example1 values('나원일', '강남 삼성동', '33', 2);
```

(6) 테이블 내용을 확인한다.

```
SQL> select * from example1;
```

(7) example1 테이블의 age 속성 number(3)을 number(10)으로 변경해 본다.

```
SQL> alter table example1 modify age varchar2(3);
```

(8) 테이블에 phone_no 컬럼(Column)을 추가한다.

```
SQL> alter table example1 add phone_no number(20);
```

(9) 테이블에서 phone_no 필드가 추가된 결과를 본다.

```
SQL> select * from example1;
```

(10) phone_no 필드를 삭제한다.

```
SQL> alter table example drop column ID;
```

6.6 테이블 이름 변경

RENAME 명령어는 테이블에 있는 컬럼 이름을 변경해 줄 경우 사용해주는 명령문이다.

```
ALTER TABLE + 테이블명 + RENAME COLUMN + 기존 컬럼 + TO + 신규 컬럼(변경해줄 이름);
```

(1) example table 기존 Column 명인 name을 fullname으로 변경해본다.

```
SQL> alter table example rename column name to fullname;
```

```
SQL> select * from example;
FULLNAME   ADDRESS                                  AGE        SEX
---------- ---------------------------------------- ---------- ----------
김길남     강남 논현동                              23         1
```

```
SQL> alter table example rename column name to fullname;
테이블이 변경되었습니다.
```

(2) example table 칼럼 NAME을 이름으로 변경한다.

```
SQL> alter table example rename column name to 이름;
```

(3) example table 칼럼 NAME을 이름으로 변경한다.

```
SQL> alter table example rename column 이름 to NAME;
```

6.7 테이블 행 제거

TRUNCATE 명령어는 테이블의 구조는 유지하고 레코드만 삭제한다. 테이블의 내용을 삭제하기 위한 명령문이다.

```
TRUNCATE TABLE + 테이블 이름 ;
```

drop 명령문은 테이블 틀까지 전부 삭제한다. delete의 경우 where 조건절을 이용해 한 행만 삭제할 수 있지만, truncate명 령문의 경우 한행만 삭제할 수 없고 전부 삭제한다.

또한, delete의 경우 commit을 하지 않으면 복구 가능하지만, truncate의 경우는 복구가 불가능하다.

테이블의 구조 확인의 명령어는 DESC이며, 형식은 DESC 테이블명 순서로 작성한다.

(1) example table 안의 레코드가 삭제되었다.

```
SQL> truncate table example;
```

```
SQL> truncate table example;
테이블이 잘렸습니다.
```

```
SQL> select * from example;
선택된 레코드가 없습니다.
```

commit은 트랜잭션 안의 모든 SQL 명령문에 의해 변경된 작업을 하드 디스크에 영구적으로 저장하는 명령문이다. commit 명령문을 하지 않으면 저장이 되지 않아서 변경된 값을 적용할 수 없다.

rollback은 트랜잭션 안의 모든 SQL 명령문에 의해 변경된 작업을 취소하고 원래 상태로 복구하는 명령문이다. rollback이 복구 기능을 하지만, commit으로 저장해버린 상태라면 복구가 불가능하고 commit으로 저장된 시점으로 되돌아가게 된다.

(2) example 테이블 구조 확인

```
DESC example;
```

(3) example1 table안의 데이터를 삭제한다.

```
SQL> truncate table example1
```

(4) example1 table 구조를 확인한다.

```
SQL> DESC example1;
```

연습문제

[문제 1] 아래의 기본 자료 형을 각각 설명하시오.

(1) NUMBER(10) :

(2) VARCHAR2(30) :

(3) NUMBER(8,2) :

(4) DATE(16/05/21) :

[문제 2] 회원 테이블을 생성하시오.

테이블명	회원		
속성	속성명	자료형	사이즈
	ID	NUMBER	10
	회원명	VARCHAR2	30
	등급	VARCHAR2	10
	주소	VARCHAR2	10

[문제 3] 회원 테이블의 등급 자료형의 동일한 자료형의 사이즈 30으로 변경하시오.

[문제 4] 회원 테이블의 이름을 신규회원 테이블의 이름으로 변경하시오.

[문제 5] 회원 테이블의 구조만 유지하고 테이블의 내용을 삭제하시오.

[문제 6] 회원 테이블의 구조를 조회하시오.

[문제 7] 회원 테이블의 틀을 제거하시오.

[제 7 장]

SQL 테이블 조작 명령어

7.1 SELECT
7.2 INSERT
7.3 UPDATE/SET
7.4 DELETE

7.1 SELECT

7.1.1 SELECT 명령어

다음의 PRODUCT 테이블로 select 명령어를 수행한다.

- PRODUCT 테이블 생성
  - PROD_ID : 제품번호
  - MAKER : 제조사
  - YEAR : 출시년도
  - PROD_NAME : 제품명
  - PRICE : 가격(만원)

[PRODUCT 테이블]

PROD_ID	MAKER	YEAR	PROD_NAME	PRICE
001	LG	2015	TV40	100
002	SAMSUNG	2016	TV50	150
003	LG	2015	NOTE15	140
004	SAMSUNG	2016	NOTE15	120
005	APPLE	2016	MACPRO	160

```
create table product (PROD_ID number(3), MAKER varchar2(10), YEAR
       number(10), PROD_NAME varchar2(10), PRICE number(10));
       insert into product values(001, 'LG', 2015, 'TV40', 100);
       insert into product values(002, 'SAMSUNG', 2016, 'TV50', 150);
       insert into product values(003, 'LG', 2015, 'NOTE15', 140);
       insert into product values(004, 'SAMSUNG', 2016, 'NOTE15', 120);
       insert into product values(005, 'APPLE', 2016, 'MACPRO', 160);
```

```
SQL> select * from product;

   PROD_ID MAKER                YEAR PROD_NAME           PRICE
---------- ---------------- -------- ------------ ------------
         1 LG                   2015 TV50                  100
         2 SAMSUNG              2016 TV50                  150
         3 LG                   2015 NOTE15                140
         4 SAMSUNG              2016 NOTE15                120
         5 APPLE                2016 MACPRO                160
```

아래의 옵션들을 이용하여 select 명령어를 구현한다.

- SELECT [DISTINCT] 속성_리스트
- FROM 테이블명
- [WHERE 조건]
- [GROUP BY 속성_리스트]
- [HAVING 조건]
- [ORDER BY 속성_리스트 [ASC | DESC]];

7.1.2 WHERE 조건

다음과 같은 여러 가지 조건의 WHERE 문을 이용한 결과를 확인해 보자.

(1) 가격이 140 이상의 전 제품을 출력하시오.

```
select * from product where price >= 140;
```

```
SQL> select * from product where price >= 140;

   PROD_ID MAKER                YEAR PROD_NAME           PRICE
---------- ---------------- -------- ------------ ------------
         2 SAMSUNG              2016 TV50                  150
         3 LG                   2015 NOTE15                140
         5 APPLE                2016 MACPRO                160
```

(2) 가격이 140 이상인 제품 ID와 제조회사를 출력하시오.

```
select PROD_ID, MAKER from product where price >= 140;
```

```
SQL> select PROD_ID, MAKER from product where price >= 140;

   PROD_ID MAKER
---------- ----------------
         2 SAMSUNG
         3 LG
         5 APPLE
```

(3) 제품회사가 삼성인 전 제품을 출력하시오.

```
select * from product where MAKER='SAMSUNG';
```

```
SQL> seleot * from produot where MAKER='SAMSUNG':

   PROD_ID MAKER                YEAR PROD_NAME           PRICE
---------- -------------- ---------- ------------- -----------
         2 SAMSUNG              2016 TV50                  150
         4 SAMSUNG              2016 NOTE15                120
```

(4) 가격이 100 이상이 제조사를 전부 출력하시오.

```
select MAKER from product where price >= 100;
```

```
SQL>
SQL> seleot MAKER from produot where prioe >= 100:

MAKER
--------------
LG
SAMSUNG
LG
SAMSUNG
APPLE
```

(5) 가격이 100 이상인 제조자 중 동일한 제조사의 중복 출력을 피하시오.

* 이때, 동일한 제조업체는 한번만 출력한다.

```
select DISTINCT MAKER from product where PRICE >= 100;
```

```
SQL> seleot DISTINCT MAKER from produot where prioe >= 100:

MAKER
--------------
LG
APPLE
SAMSUNG
```

다음의 SELECT 명령어를 시스템에서 직접 실행해 본다.

- PRODUCT_NEW 테이블 생성
  - PROD_ID_NEW : 신규제품번호
  - MAKER_NEW : 신규제조사
  - YEAR_NEW : 신규출시년도
  - NAME_NEW : 신규제품명

- PRICE_NEW : 신규가격(만원)

[PRODUCT_NEW 테이블]

PROD_ID_NEW	MAKER_NEW	YEAR_NEW	NAME_NEW	PRICE_NEW
0011	LG1	2017	TV45	200
0022	SAMSUNG1	2018	TV60	350
0033	LG1	2019	NOTE70	240
0044	SAMSUNG1	2017	NOTE45	190
0054	APPLE1	2018	MACPRO1	260

```
create table product_new (PROD_ID_NEW number(3), MAKER_NEW varchar2(10),
YEAR_NEW number(10), NAME_NEW varchar2(10), PRICE_NEW number(10));
 insert into product_new values(0011, 'LG1', 2017, 'TV45', 200);
 insert into product_new values(0022, 'SAMSUNG1', 2018, 'TV60', 350);
 insert into product_new values(0033, 'LG1', 2019, 'NOTE70', 240);
 insert into product_new values(0044, 'SAMSUNG1', 2017, 'NOTE45', 190);
 insert into product_new values(0055, 'APPLE1', 2018, 'MACPRO1', 260);
```

(1) 가격이 240 이상의 전 제품을 출력하시오.

```
select * from product_new where price >= 140;
```

(2) 가격이 240 이상인 제품 ID와 제조회사를 출력하시오.

```
select PROD_ID_NEW, MAKER_NEW from product_new where price_new >= 240;
```

(3) 제품회사가 삼성인 전 제품을 출력하시오.

```
select * from product_new where MAKER_NEW='SAMSUNG1';
```

(4) 가격이 190 이상이 제조사를 전부 출력하시오.

```
select MAKER_NEW from product_new where price_new >= 190;
```

(5) 가격이 190 이상인 제조자 중 동일한 제조사의 중복 출력을 피하시오.

```
select DISTINCT MAKER_NEW from product where
      PRICE_NEW >= 190;
```

(6) 신규가격이 260 이상이면서 신규년도가 2018 이상인 전 제품을 출력하시오.

```
select * from product_new where price_new >= 140;
```

(7) 가격이 260 이상인 신규제품 ID와 신규제조회사를 출력하시오.

```
select PROD_ID_NEW, MAKER_NEW from product_new where
      price_new >= 260;
```

(8) 신규제품회사가 LG인 전 신규제품을 출력하시오.

```
select * from product_new where MAKER_NEW='LG1';
```

(9) 가격이 240 이상이 제조사를 전부 출력하시오.

```
select MAKER_NEW from product_new where price_new >= 240;
```

(10) 가격이 240 이상인 제조자 중 동일한 제조사의 중복 출력을 피하시오.

```
select DISTINCT MAKER_NEW from product where
      PRICE_NEW >= 240;
```

7.2 INSERT

CREATE 명령어를 통해서 테이블을 만들고 테이블 안의 레코드를 입력할 때 INSERT 명령어를 사용하였다. 여기에서는 한 개의 테이블과 레코드를 만들고 이 테이블의 틀을 제거하기 위해 레코드를 또 하나의 새로운 테이블을 만들어 새로 만든 테이블에 레코드를 옮긴 다음 다시 이미 테이블의 틀이 제거된 테이블에 다시 레코드를 옮길 때 사용되는 INSERT 명령어를 작성하고 그 결과를 확인해 보고자 한다.

[SCORE_A 테이블]

ID	NAME	C	CPP	JAVA	SUM	AVE
1606001	홍길동	77	87	66		
1606002	송순이	88	88	88		
1606003	박근태	78	78	99		
1606004	김삿갓	76	98	66		
1606005	나원일	79	77	87		

```
CREATE TABLE SCORE_A(
        ID  NUMBER(7),
        NAME  VARCHAR2(20),
        C  NUMBER(3),
        CPP  NUMBER(3),
        JAVA  NUMBER(3),
        SUM  NUMBER(3),
        AVE  NUMBER(6,2));
```

```
SQL> CREATE TABLE SCORE_A(
  2  ID NUMBER(7),
  3  NAME VARCHAR2(20),
  4  C NUMBER(3),
  5  CPP NUMBER(3),
  6  JAVA NUMBER(3),
  7  SUM    NUMBER(3),
  8  AVE NUMBER(6,2));

테이블이 생성되었습니다.
```

(1) 5명의 학생 레코드를 삽입한다.

```
insert into score_a values(1606001, '홍길동’, 77, 87, 66, null, null);
insert into score_a values(1606002, '송순이‘, 88, 88, 88, null, null);
insert into score_a values(1606003, '박근태‘, 78, 78, 99, null, null);
insert into score_a values(1606004, '김삿갓‘, 76, 98, 66, null, null);
insert into score_a values(1606004, '나원일‘, 79, 77, 87, null, null);
```

```
SQL> insert into score_a values(1606001, '홍길동', 77, 87, 88, null, null);
1 개의 행이 만들어졌습니다.

SQL> insert into score_a values(1606002, '송순이', 88, 88, 88, null, null);
1 개의 행이 만들어졌습니다.

SQL> insert into score_a values(1606003, '박근태', 78, 78, 99, null, null);
1 개의 행이 만들어졌습니다.
SQL> insert into score_a values(160604, '김삿갓', 76, 88, 66, null, null);
1 개의 행이 만들어졌습니다.
SQL> insert into score_a values(1606005, '나원일', 79, 77, 87, null, null);
1 개의 행이 만들어졌습니다.
```

(2) SCORE_A 테이블의 데이터 내용을 확인한다.

```
SELECT * FROM SCORE_A;
```

```
SQL> select * from score_a;
        ID NAME                    C        CPP       JAVA        SUM
---------- --------------- ---------- ---------- ---------- ----------
       AVE
----------
   1606001 홍길동                 77         87         88

   1606002 송순이                 88         88         88

   1606003 박근태                 78         78         99

    160604 김삿갓                 76         88         66

   1606005 나원일                 79         77         87
```

(3) SCORE_A의 레코드 모두를 SCORE_X에 옮긴다.

```
CREATE TABLE SCORE_X AS SELECT * FROM SCORE_A;
```

```
SQL> CREATE TABLE SCORE_X AS SELECT * FROM SCORE_A:
테이블이 생성되었습니다.
```

(4) SCORE_X 테이블의 레코드 내용을 확인한다.

```
SELECT * FROM SCORE_X;
```

```
SQL> select * from score_a:
        ID NAME                          C        CPP       JAVA        SUM
       AVE
   1606001 홍길동                        77         87         88

   1606002 송순이                        88         88         88

   1606003 박근태                        78         78         99

    160604 김삿갓                        76         88         66

   1606005 나원일                        79         77         87
```

(5) SCORE_A 테이블에 포함되어 있는 레코드 모두 삭제-테이블 구조만 남게 된다.

```
TRUNCATE TABLE SCORE_A;
```

```
SQL> TRUNCATE TABLE SCORE_A:
테이블이 잘렸습니다.
```

(6) SCORE_A 테이블 구조를 확인한다.

```
DESC SCORE_A;
```

```
SQL> DESC SCORE_A:
 이름                                      널?      유형
 ID                                                 NUMBER(7)
 NAME                                               VARCHAR2(20)
 C                                                  NUMBER(3)
 CPP                                                NUMBER(3)
 JAVA                                               NUMBER(3)
 SUM                                                NUMBER(3)
 AVE                                                NUMBER(6.2)
```

(7) SCORE_A 테이블 레코드를 확인한다.

```
SELECT * from SCORE_A;
```

```
SQL> SELECT * from SCORE_A;
선택된 레코드가 없습니다.
```

(8) SCORE_X에서 SCORE_A로 레코드를 이전한다.

```
INSERT INTO SCORE_A SELECT * FROM SCORE_X;
```

```
SQL> INSERT INTO SCORE_A SELECT * FROM SCORE_X;
5 개의 행이 만들어졌습니다.
```

(9) SCORE_A 테이블 레코드 확인한다.

```
SELECT * from SCORE_A;
```

```
SQL> select * from score_a;
        ID NAME                         C        CPP       JAVA        SUM
---------- -------------------- ---------- ---------- ---------- ----------
       AVE
----------
   1606001 홍길동                        77         87         88

   1606002 송순이                        88         88         88

   1606003 박근태                        78         78         99
    160604 김삿갓                       76         88         66

   1606005 나원일                       79         77         87
```

7.3 UPDATE/SET

SUM을 C+CPP+JAVA로 계산하고, AVE를 SUM/3으로 계산하여 변경한다.

```
UPDATE SCORE_A SET SUM=C+CPP+JAVA;
```

```
SQL> UPDATE SCORE_A SET SUM=C+CPP+JAVA;
5 행이 갱신되었습니다.
```

```
UPDATE SCORE_A SET AVE=SUM/3;
```

```
SQL> UPDATE SCORE_A SET AVE=SUM/3;
5 행이 갱신되었습니다.
```

```
SELECT * FROM SCORE_A;
```

```
SQL> select * from score_a;
        ID NAME                              C        CPP       JAVA        SUM
---------- ---------------------------- ---------- ---------- ---------- ----------
       AVE
----------
   1606001 홍길동                           77         87         88        252
        84
   1606002 송순이                           88         88         88        264
        88
   1606003 박근태                           78         78         99        255
        85
    160604 김삿갓                           76         88         66        230
     76.67
   1606005 나원일                           79         77         87        243
        81
```

7.4 DELETE

이름이 홍길동에 해당되는 행을 삭제한다.

```
Sdelete from score_a where NAME = '홍길동';
```

```
SQL> delete from score_a where NAME = '홍길동';
1 행이 삭제되었습니다.
```

삭제된 내용을 확인한다.

```
SELECT * FROM SCORE_A;
```

```
SQL> select * from score_a;
        ID NAME                          C        CPP       JAVA        SUM
---------- -------------------- ---------- ---------- ---------- ----------
       AVE
----------
   1606002 송순이                       88         88         88        264
        88
   1606003 박근태                       78         78         99        255
        85
    160604 김삿갓                       76         88         66        230
     76.67
   1606005 나원일                       79         77         87        243
        81
```

연습문제

* 다음의 '제품 테이블'을 참조하여 아래의 문항들을 서술하시오.

[제품 테이블]

제품ID	제조사	제조년도	제품이름	제품가격
11111	소니	2016	SONY30	200,000
22222	LG	2017	LG60	350,000
33333	삼성	2016	NOTE70	240,000
44444	소니	2017	SONY45	190,000
55555	애플	2015	APPLE60	200,600
66666	애플	2014	NULL	NULL

[문제 1] 제품가격이 240,00 이상의 제품의 제품ID와 제조사를 조회하시오.

[문제 2] 제조년도가 2016년 이상이면서 제품가격이 240,000 이상인 제품ID와 제조사를 조회하시오.

[문제 3] 제조년도가 2016년에서 2018년 사이의 전체제품을 조회하시오.

[문제 4] 삼성과 LG의 전체 제품을 조회하시오.

[문제 5] 제품이름이 S로 시작하는 전체제품을 조회하시오.

[문제 6] 제품이름과 제품가격이 NULL인 전체 제품을 조회하시오.

[문제 7] 제품이름과 제품가격이 NULL이 아닌 제품의 제품ID와 제조사를 조회하시오.

[문제 8] 제품가격 오름차순으로 전체제품을 조회하시오.

* 다음의 '학생성적 테이블'을 참조하여 아래의 문항들을 서술하시오.

[학생성적 테이블]

학생 ID	학생이름	알고리즘	자료구조	소프트웨어	합계	평균
1706001	김원일	78	99	80		
1706002	나기영	80	90	84		
1706003	박기태	90	90	94		
1706004	박수국	88	94	90		
1706005	김길남	75	77	87		

[문제 9] 학생성적 테이블의 레코드를 삽입하시오.

[문제 10] 합계를 알고리즘+자료구조+소프트웨어로 계산하여 변경하시오.

[문제 11] 평균을 합계/3으로 계산하여 변경하시오.

[문제 12] 학생이름이 김길남인 행을 삭제하시오.

[문제 13] 학생이름이 박수국인 행을 삭제하시오.

[제 8 장]

관계 명령어와 연산자

8.1 JOIN
8.2 VIEW
8.3 트랜잭션 관리 명령어
8.4 비교 연산자
8.5 논리 연산자
8.6 구문 연산자

8.1 JOIN

둘 이상의 테이블을 연결하여 데이터를 검색하는 방법이다. 보통 둘 이상의 행들의 공통된 값을 사용하여 조인(JOIN)한다.

두 개의 테이블을 SELECT 문장 안에서 JOIN 하려면 적어도 하나의 필드에 그 두 테이블 사이에서 공유 되어야 한다. 하나 이상의 테이블에 똑같은 컬럼이 컬럼 이름이 있으면 테이블 이름, 컬럼 이름 형태로 구분을 한다.

JOIN의 종류에는 CROSS JOIN, EQUI JOIN, NON EQUI JOIN, SELF JOIN, OUTER JOIN, INNER JOIN, ANSI JOIN가 있으나, 이 장에서는 가장 많이 사용하는 CROSS JOIN과 EQUI JOIN에 대해서 상세히 알아보도록 한다.

8.1.1 CROSS JOIN

2개 이상의 테이블에서 공통되는 컬럼이 없는 경우 전체를 결합하여 하나로 만드는 명령이다. 즉, 두 테이블의 곱을 의미한다.

2개의 테이블 'xxx'와 'sss'에 대한 CROSS JOIN을 시도해 보자.

[xxx 테이블]

~id	name	address
1	a	x
2	b	y
3	c	z

[sss 테이블]

no	prod	price
1	qqq	10
2	www	20

```
create table xxx (id number(3), name varchar2(10), address
     varchar2(10));
     insert into xxx values(1, ‘a’, ‘x’, 2, ‘b’, ‘y’, 3, ‘c’, ‘z’);
     select * from xxx;
```

```
SQL> insert into xxx values(1, 'a', 'x');
1 개의 행이 만들어졌습니다.
SQL> insert into xxx values(2, 'b', 'y');
1 개의 행이 만들어졌습니다.
SQL> insert into xxx values(3, 'c', 'z');
1 개의 행이 만들어졌습니다.
SQL> select * from xxx;

        ID NAME       ADDRESS
---------- ---------- ----------
         1 a          x
         2 b          y
         3 c          z
```

```
create table sss (no number(3), prod varchar2(10), price
      number(10));
      insert into sss values(1, 'qqq', 10);
      insert into sss values(2, 'www', 20);
```

```
SQL> insert into sss values(1, 'qqq', 10);
1 개의 행이 만들어졌습니다.
SQL> insert into sss values(2,'www', 20);
1 개의 행이 만들어졌습니다.
```

```
select * from sss;
```

```
SQL> select * from sss;

        NO PROD            PRICE
---------- ---------- ----------
         1 qqq                10
         2 www                20
```

```
select * from xxx, sss;
```

```
SQL> select * from xxx, sss;

        ID NAME       ADDRESS            NO PROD            PRICE
---------- ---------- ---------- ---------- ---------- ----------
         1 a          x                   1 qqq                10
         2 b          y                   1 qqq                10
         3 c          z                   1 qqq                10
         1 a          x                   2 www                20
         2 b          y                   2 www                20
         3 c          z                   2 www                20

6 개의 행이 선택되었습니다.
```

최종적으로 생성된 테이블의 형태는 다음과 같다.

id	name	address	no	prod	price
1	a	x	1	qqq	10
2	b	y	1	qqq	10
3	c	z	1	qqq	10
1	a	x	2	www	20
2	b	y	2	www	20
3	c	z	2	www	20

8.1.2 EQUI JOIN

가장 많이 사용되는 조인으로써 2개 이상의 테이블에서 공통으로 존재하는 컬럼의 값이 일치하는 행을 연결하여 결과를 생성한다. 이때, '=' 연산을 사용하고 추가적인 조건을 달 때는 'and' 연산을 사용한다. 컬럼 이름이 동일하면 반드시 테이블 이름을 명시하도록 한다.

먼저 테이블 'xxx'를 생성해 보자.

[xxx 테이블]

id	name	address
1	a	x
2	b	y
3	c	z

```
create table xxx (id number(3), name varchar2(10), address
     varchar2(10));
     insert into xxx values(1, 'a', 'x');
     insert into xxx values(2, 'b', 'y');
     insert into xxx values(3, 'c', 'z');
     select * from xxx;
```

```
SQL> insert into xxx values(1, 'a', 'x');
1 개의 행이 만들어졌습니다.
SQL> insert into xxx values(2, 'b', 'y');
1 개의 행이 만들어졌습니다.
SQL> insert into xxx values(3, 'c', 'z');
1 개의 행이 만들어졌습니다.
SQL> select * from xxx;
        ID NAME                 ADDRESS
---------- -------------------- --------------------
         1 a                    x
         2 b                    y
         3 c                    z
```

먼저 테이블 'qqq'를 생성해 보자.

[xxx 테이블]

id	subj	grade
1	abc	a
2	def	b

```
create table qqq (id number(3), name varchar2(10), grade
     varchar2(10));
     insert into qqq values(1, 'abc', 'a');
     insert into qqq values(2, 'def', 'b');
     select * from qqq;
```

```
SQL> insert into qqq values(1, 'abc', 'a');
1 개의 행이 만들어졌습니다.
SQL> insert into qqq values(2, 'def', 'b');
```

```
SQL> select * from qqq;
        ID SUBJ                 GRADE
---------- -------------------- --------------------
         1 abc                  a
         2 def                  b
```

```
select * from xxx, qqq where xxx.id = qqq.id;
```

<단계 1>

id	name	address	id	subj	grade
1	a	x	1	abc	a
2	b	y	1	abc	a
3	c	z	1	abc	a
1	a	x	2	def	b
2	b	y	2	def	b
3	c	z	2	def	b

<단계 2>

id	name	address	id	subj	grade
1	a	x	1	abc	a
2	b	y	2	def	b

```
SQL> select * from xxx, qqq where xxx.id = qqq.id;

        ID NAME         ADDRESS                 ID SUBJ        GRADE
---------- ------------ ---------- ----------- ------------ ----------
         1 a            x                        1 abc         a
         2 b            y                        2 def         b
```

```
select xxx.id, xxx.name, qqq.subj, qqq.grade from xxx, qqq
     where xxx.id = qqq.id;
```

<단계 3>

id	name	subj	grade
1	a	abc	a
2	b	def	b

```
SQL>
SQL> select xxx.id, xxx.name, qqq.subj, qqq.grade
  2  from xxx, qqq where xxx.id = qqq.id;

        ID NAME          SUBJ        GRADE
---------- ------------- ----------- ----------
         1 a             abc         a
         2 b             def         b
```

8.2 VIEW

8.2.1 특징

사용자에게 접근이 허용된 자료만을 제한적으로 보여주기 위해서 하나 이상의 기본 테이블로부터 유도된 가상 테이블이다. 가상 테이블이므로 물리적으로는 구현되지 않고 논리적으로만 구현된다. VIEW의 특징은 다음과 같다.

- 구조가 기본 테이블과 거의 유사하다.
- 물리적으로 구현되지 않고 논리적 독립성 제공한다.
- 필요한 데이터로만 구성하여 관리 수월, 명령 간단하다.
- 데이터 보호에 효율적이기 때문에 자동 보안된다.
- 삽입, 삭제, 갱신 연산이 가능하지만 제한적이다.
- 다른 VIEW 정의에 기초를 둔다.
- 하나의 VIEW를 삭제하면 이 VIEW를 기초로 만들어진 VIEW도 자동 삭제한다.
- 독립적인 인덱스를 가질 수 없다.
- 뷰에 대한 검색은 일반 테이블과는 같다.
- VIEW의 정의 변경은 불가능하다.

8.2.2 단순 뷰의 복합 뷰 생성

단순 뷰와 복합 뷰의 특징을 비교한 내용은 다음의 [표 8.1]과 같다.

[표 8.1] 단순 뷰와 복합 뷰

단순 뷰	복합 뷰
하나의 테이블로 생성	여러 개의 테이블로 생성
그룹 함수의 사용이 불가능	그룹 함수의 사용이 가능
DISTINCT사용 불가능	DISTINCT사용 가능
DML사용 가능	DML사용 불가능

1. 단순 뷰

단순 뷰의 구문은 다음과 같다.

```
CREATE VIEW 뷰이름[속성리스트]
         AS SELECT [WITH CHECK  OPTION];
```

먼저, 뷰를 생성하기 위해서는 뷰를 생성할 수 있는 권한을 부여해야 한다.

```
SQL> GRANT CREATE VIEW  TO SCOTT;
결과> 권한이 부여되었습니다.
SQL> conn scott\
결과> 연결되었습니다.
```

다음의 예들을 통해 단순 뷰를 학습해 보자.

(예 1) EMP 실제 테이블로 뷰를 생성하고 해당 칼럼을 출력한다.

```
SQL> CREATE VIEW EMP_VIEW AS SELECT EMP_NO,
      EMP_NAME, EMP_ADDRESS FROM EMP;
결과> 생성되었습니다.
```

(예 2) EMP 실제 테이블로 뷰를 생성하고 해당 칼럼을 출력한다.

```
SQL> INSERT  INTO EMP_VIEW VALUES (20170101, '홍길동', '서울
      동대문구');
```

	EMP_NO	EMP_NAME	EMP_ADDRESS
1	20170101	홍길동	서울 동대문구

2. 복합 뷰

두 개 이상의 기본 테이블에 의해 정의된 뷰 부서명을 알기 위해 사원 테이블과 부서 테이블을 자주 조인한다면, 복합 뷰를 만들어서 해결해 볼 수 있다.

다음의 예를 통해 복합 뷰를 학습해 보자.

(예) 사원 테이블과 부서 테이블을 조인하여 복합 뷰를 생성한다.

```
SQL> CREATE VIEW EMP_VIEW_DEPT AS SELECT
        EMP.EMPNO, EMP.ENAME, EMP.SAL,
        EMP.DEPTNO, DEPT.DEPTNAME, DEPT.ADDRESS FROM EMP AS EMPLOYEE, DEPT AS
        DEPARTMENT
        WHERE EMP.DEPTNO=DEPT.DEPTNO ORDER BY
        EMPNO DESC;
SQL> SELECT * FROM EMP_VIEW_DEPT;
```

EMPNO	ENAME	DEPTNO	DEPTNAME	ADDRESS
201602	James	10	Marketing	Pusan
201403	Smith	20	Engineering	Seoul
201402	Tom	30	Chemical	Seoul
201302	Julie	10	Marketing	Pusan

하나의 뷰 안에 또 다른 뷰를 생성할 수 있는데 내부에 있는 다른 뷰를 중첩시키다 보면 심각한 성능 저하를 유발할 수 있으므로 유의하여야 한다.

8.2.3 뷰 관리

1. 뷰 수정 - OR REPLACE

뷰 수정 구문은 다음과 같다.

```
CREATE OR REPLACE VIEW 뷰이름 AS SELECT [속성리스트]
```

(예 1) EMP 뷰가 이미 존재하고 있으며 OR REPLACE를 사용하여 실행할 시에 기존의 EMP 뷰를 덮어 쓴다.

```
SQL> CREATE VIEW AS EMP AS SELECT EMP_NO,
      EMP_NAME, EMP_ADDRESS FROM EMP;
```

2. 뷰 강제 생성 - FORCE

뷰를 강제적으로 생성한다.

```
SQL> CREATE OR REPLACE FORCE VIEW_EMPLOYEES
      AS SELECT * FROM EMPLOYEES;
```

이때, "Warning: View created with compilation errors"와 같은 경고는 발생하지만 뷰가 생성되었다는 메시지를 출력한다.

생성된 뷰를 데이터 Dictionary USER_VIEWS를 통해서 검색할 수 있다.

3. 뷰 삭제 - DROP VIEW

Table을 삭제할 때와 동일한 명령어를 사용한다.

```
SQL> Drop View_Table;
결과> View_Table 삭제 되었습니다.
```

8.3 트랜잭션 관리 명령어

8.3.1 개념

TCL(Transaction Control Language)은 데이터베이스의 상태를 변화시키는 논리적 연산의 집합이다.

사용자에 의해 구성된 여러 개의 문장의 트랜잭션은 반드시 동시에 실행 또는 취소된다.

트랜잭션을 통해 작업의 단위를 결정함으로써 작업 결과의 신뢰성이 회복되며, 트랜잭션은 DDL과 DCL 명령이 실행되고 난후 자동으로 종료하는 반면, DML의 경우 반드시 Commit과 Rollback으로 종료해야 변경된 내용이 물리적으로 저장된다.

8.3.2 명령어

1. COMMIT

COMMIT은 SQL 명령어를 수행한 결과를 실제 물리적 디스크로 저장하는 명령어이다. 이것은 변경된 내용을 영구 저장할 때 사용한다.

모든 DML(INSERT, UPDATE, DELETE 등) 문장을 수행한 후 작업을 실행할 때 반드시 필요하다.

[주문 테이블]

ID	날짜	재고량
11111	2014-05-06	2000
11112	2015-12-06	2300
11113	2016-03-06	3000

위의 '주문 테이블'에서 상품 1개를 추가하고자 한다.

```
SQL> INSERT INTO 주문 VALUES(11114, '2014-06-05', 2000);
SQL> COMMIT;
```

2. ROLLBACK

ROLLBACK은 트랜잭션의 실행을 취소하였음을 알리는 연산자로 트랜잭션이 수행하는 결과를 원래의 상태로 원상 복귀시키는 연산이다. 이것은 변경되기 이전 상태로 되돌릴 때 사용한다.

모든 DML(INSERT, UPDATE, DELETE 등) 문장을 수행한 후 작업을 취소할 때 반드시 필요하다.

```
SQL> INSERT INTO 주문 VALUES(11114, '2014-06-05', 2000);
SQL> ROLLBACK;
```

3. SAVEPOINT

특정 위치까지는 영구 저장 혹은 이전 상태로 되돌릴 수 있도록 트랜잭션 중에 저장점을 만들 때 사용한다.

```
SQL> UPDATE 제조 SET 날짜 = '2012-02-02' WHERE ID=11112;
SQL >SAVEPOINT 제조_날짜;
SQL> ROLLBACK  TO SAVEPOINT 제조_날짜;
```

8.4 비교 연산자

비교 연산자의 종류는 다음의 [표 8.2]와 같다.

[표 8.2] 비교 연산자

연산자종료	의미
=	같다
>	보다 크다
<	보다 작다
>=	같거나 크다
<=	같거나 작다
<>	같지 않다
!=	같지 않다

(예) 년도가 2016년 아닌 전체 제품을 알고 싶다.

```
select * from product where YEAR!=2016;
```

```
SQL> seleot * from produot where YEAR!=2016:

   PROD_ID MAKER                 YEAR PROD_NAME           PRICE
---------- ---------------- ---------- ---------------- ----------
         1 LG                    2015 TV50                  100
         3 LG                    2015 NOTE15                140
```

8.5 논리 연산자

논리 연산자의 종류는 다음의 [표 8.3]과 같다.

[표 8.3] 논리 연산자

연산자 종류	의미
ALL	부속 질의문의 결과 값 중 일치하는 것이 있으면 검색 조건이 TRUE이다.
AND	양쪽 논리 표현이 모두 다 TRUE일 때 결과가 TRUE이다.
ANY 또는 SOME	부속 질의문의 결과 값 모두와 비교한 결과가 참이면 검색 조건을 만족한다.
NOT	논리 표현이 TRUE일 때 결과는 FALSE이고, FALSE일 때 결과는 TRUE이다.
OR	논리 표현들 중 한 개라도 TRUE이면 TRUE이다.

(예) 년도가 2016년이면서 가격이 140만원 이상인 전체 제품을 알고 싶다.

```
select * from product where YEAR=2016 AND PRICE >= 140);
```

```
SQL> select * from product where YEAR=2015 AND PRICE >= 140;

   PROD_ID MAKER                YEAR PROD_NAME          PRICE
---------- ------------------ ------ ------------- ----------
         3 LG                   2015 NOTE15               140
```

8.6 구문 연산자

1. BETWEEN AND 연산자

(예) 년도가 2014년에서 2016년 사이의 MAKER, PROD_NAME를 알고 싶다.

```
select MAKER, PROD_NAME from product where YEAR between 2014 and 2016;
```

```
SQL> select MAKER, PROD_NAME from product where YEAR between 2014 and 2016;

MAKER        PROD_NAME
----------   ----------
LG           TV50
SAMSUNG      TV50
LG           NOTE15
SAMSUNG      NOTE15
APPLE        MACPRO
```

2. IN 연산자

(예 1) SAMSUNG과 APPLE의 전체 레코드를 알고 싶다.

```
select * from product where MAKER in ('SAMSUNG', 'APPLE');
```

```
SQL> select * from product where MAKER in ('SAMSUNG', 'APPLE');

   PROD_ID MAKER                YEAR PROD_NAME          PRICE
---------- ------------------ ------ ---------- -------------
         2 SAMSUNG              2016 TV50                 150
         4 SAMSUNG              2016 NOTE15               120
         5 APPLE                2016 MACPRO               160
```

LIKE 연산자와 와일드카드 사용 예에 대해 살펴보자. LIKE는 조건식, %는 와일드카드라고 한다.

(예 2) 제품 이름이 NOTE로 시작하는 모든 제품을 알고 싶다.

```
select * from product where prod_name like 'NOTE%';
```

```
SQL> select * from product where prod_name like 'NOTE%';

   PROD_ID MAKER                YEAR PROD_NAME            PRICE
---------- --------------- --------- ---------------- ----------
         3 LG                   2015 NOTE15                  140
         4 SAMSUNG              2016 NOTE15                  120
```

(예 3) 제품이름에 O가 있는 모든 제품을 알고 싶다.

```
select * from product where prod_name like 'NOTE%';
```

```
SQL>
SQL> select * from product where PROD_NAME LIKE '%O%';

   PROD_ID MAKER                YEAR PROD_NAME            PRICE
---------- --------------- --------- ---------------- ----------
         3 LG                   2015 NOTE15                  140
         4 SAMSUNG              2016 NOTE15                  120
         5 APPLE                2016 MACPRO                  160
```

3. NULL 연산자

검색할 열에 Null 값을 허용하기로 정의된 열이 포함되면 데이터베이스에서 Null 또는 Null이 아닌 값을 찾는다.

(예 1) 가격의 열에 레코드가 없는 전체 제품을 알아본다.

```
select * from product where PRICE IS  NULL;
```

```
SQL> select * from product where PRICE IS NULL;
선택된 레코드가 없습니다.
```

(예 2) 가격의 열에 레코드가 있는 전체 제품을 알아본다.

```
select * from product where PRICE IS  NULL;
```

```
SQL> select * from product where PRICE IS NOT NULL;

   PROD_ID MAKER                YEAR PROD_NAME            PRICE
---------- -------------- ---------- -------------- ----------
         1 LG                   2015 TV50                  100
         2 SAMSUNG              2016 TV50                  150
         3 LG                   2015 NOTE15                140
         4 SAMSUNG              2016 NOTE15                120
         5 APPLE                2016 MACPRO                160
```

이때, 주의할 점은 NULL 값을 보기 위해 IS NULL을 사용해야지 '=' 연산자를 사용하면 NULL 값을 조회할 수 없다는 것이다.

4. ORDER BY 연산자

열을 기준으로 정렬 상태를 조회한다.

(예 1) 가격이 낮은 순(오름차순)으로 모든 제품을 조회한다.

```
select MAKER, YEAR, PRICE from product order by PRICE;
```

```
SQL> select MAKER, YEAR, PRICE from product order by PRICE;

MAKER                YEAR      PRICE
-------------- ---------- ----------
LG                   2015        100
SAMSUNG              2016        120
LG                   2015        140
SAMSUNG              2016        150
APPLE                2016        160
```

이때, 주의할 점은 정렬 방식의 기본은 오름차순(ASC)이고 내림차순으로 표현하고자 한다면 DESC 구문을 사용해야 한다는 것이다.

(예 2) 가격이 낮은 순(오름차순)으로 모든 제품을 조회한다.

```
select MAKER, YEAR, PRICE from product order by PRICE DESC;
```

```
SQL> select MAKER, YEAR, PRICE from product order by PRICE DESC;

MAKER                YEAR      PRICE
-------------- ---------- ----------
APPLE                2016        160
SAMSUNG              2016        150
LG                   2015        140
SAMSUNG              2016        120
LG                   2015        100
```

4. WHERE 연산자

조건을 나타내고자 할 때 가장 빈번하게 사용하는 표현 방법이다.

(예 1) 신규 년도가 2017년 아닌 전체 제품을 알고 싶다.

```
select * from product_new where YEAR_NEW !=2017;
```

(예 2) 신규 년도가 2018년 아닌 전체 제품을 알고 싶다.

```
select * from product_new where YEAR_NEW !=2018;
```

(예 3) 신규 년도가 2019년 아닌 전체 제품을 알고 싶다.

```
select * from product_new where YEAR_NEW !=2019;
```

(예 4) 신규 년도가 2017년이면서 가격이 190만원 이상인 제품을 알고 싶다.

```
select * from product_new where YEAR_NEW=2017 AND PRICE_NEW
      >= 190);
```

(예 5) 신규 년도가 2017년에서 2018년 사이의 MAKER_NEW, NAME_NAME를 알고 싶다.

```
select MAKER_NEW, NAME_NEW from product_new where
      YEAR_NEW between  2017 and 2018;
```

(예 6) 신규 년도가 2018년에서 2019년 사이의 MAKER_NEW, NAME_NAME를 알고 싶다.

```
select MAKER_NEW, NAME_NEW from product_new where
      YEAR_NEW between 2018 and 2019;
```

(예 7) SAMSUNG1과 APPLE1의 전체 레코드를 알고 싶다.

```
select * from product_new where MAKER in ('SAMSUNG1', 'APPLE1');
```

(예 8) SAMSUNG1과 LG1의 전체 레코드를 알고 싶다.

```
select * from product_new where MAKER in ('SAMSUNG1', 'LG1');
```

(예 9) 신규제품 이름이 SA로 시작하는 모든 제품을 알고 싶다.

```
select * from product_new where name_new like 'SA%';
```

(예 10) 신규제품 이름이 AP로 시작하는 모든 제품을 알고 싶다.

```
select * from product_new where name_new like 'AP%';
```

(예 11) 신규제품 이름에 M이 있는 모든 제품을 알고 싶다.

```
select * from product_new where name_new like '%M%';
```

(예 12) 신규제품 이름에 P가 있는 모든 제품을 알고 싶다.

```
select * from product_new where name_new like '%P%';
```

(예 13) 신규제품의 열에 데이터가 없는 전체 제품을 알아본다.

```
select * from product_new where NAME_NEW IS  NULL;
```

(예 14) 신규제품의 열에 데이터가 있는 전체 제품을 알아본다.

```
select * from product_new where NAME_NEW IS  NOT NULL;
```

(예 15) 신규가격이 높은 순(내림차순)으로 모든 제품을 조회한다.

```
select * from product_new order by PRICE_NEW;
```

연습문제

[문제 1] sample_1과 sample_2의 테이블을 JOIN하시오.

[sample_1 테이블]

id	name	symbol
001	a_001	x
002	b_001	y
003	c_001	z

[sample_2 테이블]

no	value	quantity
1	x_axis	10
2	y_axis	20

[문제 2] sample_1과 sample_2의 테이블을 JOIN한 결과를 작성하시오.

[문제 3] sample_3과 sample_4의 테이블을 JOIN하시오.

[sample_3 테이블]

id	name	number
111	x_111	10
222	y_222	20
333	z_333	30

[sample_4 테이블]

no	value	quantity
001	big	50
002	small	30

[문제 4] sample_3과 sample_4의 테이블을 JOIN한 결과를 작성하시오.

[문제 5] sample_1과 sample_2 테이블을 EQUI JOIN하시오.

[sample_1 테이블]

id	name	symbol
001	a_001	x
002	b_001	y
003	c_001	z

[sample_2 테이블]

id	value	quantity
001	x_axis	10
002	y_axis	20

[문제 6] sample_1과 sample_2 테이블을 EQUI JOIN한 결과를 작성하시오.

* 다음의 'EMPLOYEE 테이블'을 참조하여 아래의 문항들을 서술하시오.

[EMPLOYEE 테이블]

사원ID	사원이름	부서번호	부서이름	전화번호	등급
111111	Thomas	10	Sales	010-0111-1111	High
222222	John	20	Mechanical	010-0222-2222	Average
333333	Adam	30	Electrical	010-0333-3333	High
444444	Bony	10	Software	010-0444-4444	Low

[문제 7] EMPLOYEE 테이블에서 사원ID, 부서이름, 등급 칼럼이 포함되어 있는 사원 뷰를 생성하시오.

[문제 8] 생성된 사원 뷰를 조회하시오.

[문제 9] 아래 데이터를 사원 뷰에 입력하시오.

사원ID	부서이름	등급
5555555	Juliet	High

[문제 10] 사원 뷰에서 등급이 High 최상급 등급 뷰를 생성하시오.

[문제 11] 사원 뷰 수정이 가능하도록 사원 뷰를 생성하시오.

[문제 12] 사원 뷰 수정이 가능하도록 강제로 사원 뷰를 생성하시오.

[문제 13] 사원 뷰를 제거하시오.

[문제 14] '임금 테이블'을 생성하시오.

[임금 테이블]

테이블명	입금		
속성	속성명	자료형	사이즈
	ID	NUMBER	10
	입금금액	NUMBER	10
	잔고	NUMBER	10

[문제 15] 입금 테이블의 레코드를 삽입하시오.

[입금 테이블]

ID	입금금액	잔고
00001	1000	5000
00002	2000	7000
00003	3000	10000
00004	4000	12000
00005	5000	17000

[문제 16] SAVEPOINT S1을 지정하시오.

[문제 17] S1으로 ROLLBACK하시오.

[문제 18] 레코드 하나를 더 추가하시오.

ID	입금금액	잔고
00006	6000	20000

[문제 19] S1으로 ROLLBACK하시오.

[문제 20] 데이터베이스에 '입금 테이블'을 저장하시오.

[제 9 장]

SQL 기본 함수

9.1 숫자 함수
9.2 문자 함수
9.3 날짜 함수
9.4 형 변환 함수

9.1 숫자 함수

내장 함수는 단일행 함수와 다중행 함수로 나눌 수 있다. 이번 장에서는 기본 함수인 단일행 함수를 먼저 설명하고, 다중행 함수인 집계 함수 등은 다음 장에서 설명하고자 한다.

대표적인 숫자 함수로는 ABS, FLOOR, CEIL, ROUND, TRUNC, MOD 등이 있다.

1. ABS

절대값을 구하는 함수이다.

```
SELECT  ABS(-15) FROM DUAL;
```

```
SQL> SELECT ABS(-15) FROM DUAL;
  ABS(-15)
----------
        15
```

2. FLOOR

숫자 보다 작거나 같은 최대 정수를 구하는 함수이다.

```
SELECT  FLOOR(56.1234) FROM DUAL;
```

```
SQL> SELECT FLOOR(56.1234) FROM DUAL;
FLOOR(56.1234)
--------------
            56
```

3. CEIL

숫자 보다 크거나 같은 최소 정수를 구하는 함수이다.

```
SELECT CEIL(34.1234) FROM DUAL;
```

```
SQL> SELECT CEIL(34.1234) FROM DUAL;
CEIL(34.1234)
-------------
           35
```

4. ROUND

반올림 함수, 4번째 인자 소수점까지 유효한 값을 구하는 함수이다.

```
SELECT ROUND (34.1234567, 4) FROM DUAL;
```

```
SQL> SELECT ROUND(34.1234567, 4) FROM DUAL;
ROUND(34.1234567,4)
-------------------
            34.1235
```

5. TRUNC

3번째 인자 소수점까지 유효한 값을 구하는 함수이다.

```
SELECT  TRUNC(34.1234567, 4) FROM DUAL;
```

```
SQL> SELECT TRUNC(34.1234567, 4) FROM DUAL;
TRUNC(34.1234567,4)
-------------------
            34.1234
```

6. MOD

첫 번째 인자를 두 번째 인자로 나눈 나머지 값을 구하는 함수이다.

```
SELECT MOD(8, 3) FROM DUAL;
```

```
SQL> SELECT MOD(8,3) FROM DUAL;
  MOD(8,3)
----------
         2
```

9.2 문자 함수

대표적인 문자 함수로는 UPPER, LOWER, INITCAP, LENGTH, LENGTHB, SUBSTR, SUBSTRB, INSTR, INSTB, LPAM/RPAD, LTRIM/RTRIM, TRIM, CONCAT 등이 있다.

1. UPPER

모든 문자를 대문자로 바꾸는 함수이다.

```
SELECT UPPER('I AM  a STUDENT') FROM DUAL;
```

```
SQL> SELECT UPPER ('I AM a STduent') FROM DUAL:
UPPER('IAMASTD
--------------
I AM A STDUENT
```

2. LOWER

모든 문자를 소문자로 바꾸는 함수이다.

```
SELECT LOWER('AM I A STUDENT?') FROM DUAL;
```

```
SQL> SELECT LOWER ('AM I A STUDENT?') FROM DUAL:
LOWER('AMIASTUD
---------------
am i a student?
```

3. INITCAP

이니셜만 대문자로 변환하는 함수이다.

```
SELECT 'i am very good at oracle' "이니셜적용 전",
    INITCAP('I AM VERY  GOOD AT ORACLE')
    "이니셜적용 후" FROM DUAL;
```

```
SQL> SELECT 'i am very good at oracle' "이니셜적용 전", INITCAP('I AM VERY GOO
  2        "이니셜적용 후" FROM DUAL;

이니셜적용 전              이니셜적용 후
------------------------ ------------------------
i am very good at oracle I Am Very  Good At Oracle
```

4. LENGTH

문자열의 길이를 출력하는 함수이다.

```
SELECT  LENGTH('I AM A  STUDENT') FROM DUAL;
```

```
SQL> SELECT LENGTH('I  AM  A  STUDENT') FROM DUAL;

LENGTH('IAMASTUDENT')
---------------------
                   14
```

5. LENGTHB

바이트 수를 알려주는 함수이다.

```
SELECT LENGTHB('Database') FROM DUAL;
```

```
SQL> SELECT LENGTHB('Database') FROM DUAL;

LENGTHB('DATABASE')
-------------------
                  8
```

6. SUBSTR

시작 위치부터 선택 개수만큼의 문자를 추출하는 함수이다.

```
SELECT SUBSTR('ENGINEERING', 4, 2) FROM DUAL;
```

```
SQL> SELECT SUBSTR('ENGINEERING', 4,2) FROM DUAL

SU
--
IN
```

7. SUBSTRB

명시된 개수만큼의 문자가 아닌 바이트 수를 잘라내는 함수이다. SUBSTR는 한글 한자를 1 바이트로 보지만, SUBSTRB는 2바이트로 본다. 즉, 절대값을 구하는 함수이다.

```
SELECT SUBSTRB('오라클데이터베이스', 4, 5) FROM DUAL;
```

```
SQL> SELECT SUBSTRB('오라클데이터베이스', 4, 5) FROM DUAL;
SUBST
-----
 클데
```

8. INSTR

문자의 위치를 구하는 함수이다.

```
SELECT INSTR('DATABASE', 'B') FROM DUAL;
```

```
SQL> SELECT INSTR('DATABASE', 'B') FROM DUAL;
INSTR('DATABASE','B')
---------------------
                    5
```

9. LPAD

오른쪽 정렬 후 왼쪽에 생긴 빈 공백에 특정 문자를 채우는 함수이다. 15자리를 마련한 후 문자열을 오른쪽에 출력하고 나머지 공간을 '#'으로 채운다.

```
SELECT LPAD('DATABASE', 15, '#') FROM DUAL;
```

```
SQL> SELECT LPAD('DATABASE', 15, '#') FROM DUAL;
LPAD('DATABASE'
---------------
#######DATABASE
```

10. RPAD

왼쪽 정렬 후 오른쪽에 생긴 빈 공백에 특정 문자를 채우는 함수이다. 15자리를 마련한 후

문자열을 오른쪽에 출력하고 나머지 공간을 '#'으로 채운다.

```
SELECT RPAD('DATABASE', 15, '#') FROM DUAL;
```

```
SQL> SELECT RPAD('DATABASE', 15, '#') FROM DUAL;
RPAD('DATABASE'
---------------
DATABASE#######
```

11. LTRIM

왼쪽에서 다른 문자열 만날 때까지 해당문자열 제거하는 함수이다.

```
SELECT LTRIM('aaaaabbbbbb', 'a') FROM DUAL;
```

```
SQL> SELECT LTRIM('aaaaabbbbbb', 'a') FROM DUAL;
LTRIM(
------
bbbbbb
```

12. RTRIM

오른쪽에서 다른 문자열 만날 때까지 해당문자열 제거하는 함수이다.

```
SELECT RTRIM('aaaaabbbbbb', 'a') FROM DUAL;
```

```
SQL> SELECT RTRIM('aaabbbooo', 'o') FROM DUAL;
RTRIM(
------
aaabbb
```

13. TRIM

양쪽에서 다른 문자열 만날 때까지 해당 문자열 제거하는 함수이다.

```
SELECT TRIM('a' FROM 'aaabbbcccaa') FROM DUAL;
```

```
SQL> SELECT TRIM('a' FROM 'aaabbbcccaa') FROM DUAL;
TRIM('
-------
bbbccc
```

14. CONCAT

문자열을 연결하는 함수이다.

```
SELECT TRIM('I am', 'a student') FROM DUAL;
```

```
SQL> SELECT CONCAT('I am', 'a student') FROM DUAL;
CONCAT('IAM',
-------------
I ama student
```

9.3 날짜 함수

대표적인 날짜 함수로는 SYSDATE, MONTH_BETWEEN, ADD_MONTHS, NEXT_DAY, LAST_DAY 등이 있다.

1. SYSDATE

데이터베이스 시스템의 현재 날짜를 반환하는 함수이다.

```
SELECT SYSDATE FROM DUAL;
```

```
SQL> SELECT SYSDATE FROM DUAL:
SYSDATE
--------
17/11/26
```

SYSDATE에서 -1을 하면 하루 전 날짜가 반환하고, -2를 하면 이틀 전 날짜가 반환시키는 함수이다.

```
SELECT SYSDATE-1 FROM DUAL;
SELECT SYSDATE-2 FROm DUAL;
```

```
SQL> SELECT SYSDATE-1 FROM DUAL:
SYSDATE-
--------
17/11/25
SQL> SELECT SYSDATE-2 FROM DUAL:
SYSDATE-
--------
17/11/24
```

2. MONTH_BETWEEN

개월간의 차이를 연산하는 함수이다.

```
SELECT  MONTHS_BETWEEN ('2017/11/27', '2016/5/27')
          FROM DUAL;
```

```
SQL> SELECT MONTHS_BETWEEN('2017/11/27', '2016/5/27') FROM DUAL;

MONTHS_BETWEEN('2017/11/27','2016/5/27')
----------------------------------------
                                      18
```

3. ADD_MONTHS

현재 혹은 해당 날짜에 개월 수를 더한 연산을 수행하는 함수이다.

```
SELECT ADD_MONTHS (SYSDATE, 5) FROM DUAL;
```

```
SQL> SELECT ADD_MONTHS (SYSDATE, 5) FROM DUAL;

ADD_MONT
--------
18/04/26
```

4. NEXT_DAY

해당 일을 기준으로 명시된 요일의 다음 날을 변환하는 함수이다.

```
SELECT  NEXT_DAY(SYSDATE, '토요일') FROM DUAL;
```

```
SQL> SELECT NEXT_DAY(SYSDATE, '월요일') FROM DUAL;

NEXT_DAY
--------
17/12/04
```

이때, 주의할 점은 만일 요일을 한글 대신 영어로 명시하면 언어 설정상의 문제로 오류가 발생한다.

```
SELECT  NEXT_DAY(SYSDATE, 'MONDAY') FROM DUAL;
```

```
SQL> SELECT NEXT_DAY(SYSDATE, 'MONDAY') FROM DUAL;
SELECT NEXT_DAY(SYSDATE, 'MONDAY') FROM DUAL
                         *
1행에 오류:
ORA-01846: 지정한 요일이 부적합합니다.
```

그러므로, 영어로 명시하는 대신에 요일에 해당하는 숫자로 명시하면 된다. 즉, SUNDAY는 1, MONDAYS는 2, ..., SATURDAY는 7로 표현한다.

```
SELECT  NEXT_DAY(SYSDATE, 2) FROM DUAL;
```

```
SQL> SELECT NEXT_DAY(SYSDATE, 2) FROM DUAL:
NEXT_DAY
--------
17/12/04
```

5. LAST_DAY

해당 년도의 마지막 날짜를 연산하는 함수이다.

```
SELECT  LAST_DAY(SYSDATE) FROM DUAL;
```

```
SQL> SELECT LAST_DAY(SYSDATE) FROM DUAL:
LAST_DAY
--------
17/11/30
```

9.4 형 변환 함수

대표적인 형 변환 함수로는 TO_CHAR, TO_DATE, TO_NUMBER 등이 있다.

1. TO_CHAR

날짜 혹은 숫자를 문자형으로 변환하는 함수이다.

```
SELECT TO_CHAR(SYSDATE, 'YY MM DD') FROM DUAL;
```

```
SQL> SELECT TO_CHAR(SYSDATE, 'YY MM DD') FROM DUAL;
TO_CHAR(
--------
17 11 27
```

```
SELECT TO_CHAR(SYSDATE, 'YY-MM-DD') FROM DUAL;
```

```
SQL> SELECT TO_CHAR(SYSDATE, 'YY-MM-DD') FROM DUAL;
TO_CHAR(
--------
17-11-27
```

2. TO_DATE

숫자를 날짜형으로 변환하는 함수이다.

```
SELECT TO_DATE(20170101 'YY MM DD') FROM DUAL;
```

```
SQL> SELECT TO_DATE(20170101, 'YY MM DD') FROM DUAL;
TO_DATE(
--------
17/01/01
```

3. TO_NUMBER

문자를 숫자형로 변환하는 함수이다. 9999는 출력 형식이다.

```
SELECT TO_NUMBER('1,234', '9999') FROM DUAL;
```

연습문제

[문제 1] 78.0123 숫자보다 작거나 같은 최대 정수를 구하시오.

[문제 2] 23.1456 숫자보다 크거나 같은 최소 정수를 구하시오.

[문제 3] 39.23678 숫자의 5번째 인자 소수점까지 유효한 반올림 값을 구하시오.

[문제 4] 'You are such a wonderful teacher' 문자열에서 이니셜만 대문자로 바꾸시오.

[문제 5] 'A good student' 문자열을 대문자로 바꾸시오.

[문제 6] 'yyyyyiiiighdjsaaaaay' 문자열에서 y 문자가 왼쪽에서 다른 문자열 만날 때까지 I 문자열을 제거하시오.

[문제 7] 현제 데이터베이스의 현재 날짜를 반환하시오.

[문제 8] 년도(년월일) '2017/02/27', '2016/12/27' 사이에 몇 개월의 연산한 결과를 조회하시오.

[문제 9] 20171201 숫자를 날짜로 변환하시오.

[제 10 장]

SQL 그룹 함수

10.1 집계 함수
10.2 부속 질의_서브쿼리

10.1 집계 함수

이 장에서는 집계 함수를 사용하여 결과값을 산출하는 함수들에 대해 살펴보도록 한다. '상품 테이블'을 생성하여 집계 함수를 실행해 보자.

[상품 테이블]

NO	상품명	재고량
11111	초콜렛	3000
22222	쿠키	2000
33333	바나나	5000
44444	사과	4000
55555	NULL	NILL

```
CREATE TABLE 상품 (NO NUMBER(10), 상품명 VARCHAR2(20),
    재고량 NUMBER(10));
    INSERT INTO 상품 VALUES (11111, '초콜렛', 3000);
    INSERT INTO 상품 VALUES (11112, '쿠키', 2000);
    INSERT INTO 상품 VALUES (11113, '바나나', 5000);
    INSERT INTO 상품 VALUES (11114, NULL, NULL);
```

```
SQL> select * from 상품;

        NO 상품명                          재고량
---------- ------------------------------ ----------
     11111 초콜렛                            3000
     11112 쿠키                              2000
     11113 바나나                            5000
     11114
```

1. SUM

집합의 합계를 구하는 함수이다. SUM은 정수형에만 적용되고 문자열이나 날짜에는 적용되지 않는다. 부재값을 의미하는 NULL 값은 먼저 제거한 뒤에 합계를 낸다.

```
SQL> SELECT SUM(재고량) FROM 상품;

SUM(재고량)
----------
     10000
```

2. AVG

집합의 평균을 구하는 함수이다. SUM과 마찬가지로 정수형에만 적용되고 문자열이나 날짜에는 적용되지 않는다. 부재값을 의미하는 NILL 값을 먼저 제거한 뒤에 평균을 구한다.

```
SQL> SELECT AVG(재고량) FROM 상품;
AVG(재고량)
----------
3333.33333
```

3. MAX

집합의 최댓값을 구하는 함수이다.

```
SQL> SELECT MAX(재고량) FROM 상품;
MAX(재고량)
----------
      5000
```

4. MIN

집합의 최솟값을 구하는 함수이다.

```
SQL> SELECT MIN(재고량) FROM 상품;
MIN(재고량)
----------
      2000
```

5. COUNT

테이블의 행의 개수를 구하는 함수이다.

```
SQL> SELECT COUNT(*) FROM 상품;
  COUNT(*)
----------
         4
```

만일, NULL이 존재하면 NULL을 제외한 행의 개수를 구하기 위해 DISTINCT를 사용한다.

```
SQL> SELECT COUNT(DISTINCT 재고량) FROM 상품;
COUNT(DISTINCT재고량)
--------------------
                   3
```

아래 '수량 테이블'을 생성하여 GROUP BY를 사용한 COUNT 함수를 실행하고, Having 조건절을 추가하여 실행해 본다.

[수량 테이블]

NO	이름	수량
1	X	6
2	X	7
3	Y	12
4	Y	5
5	NULL	NILL

```
CREATE TABLE NEW (NO NUMBER(10), 이름 VARCHAR2(20), 수량 NUMBER(10));
```

```
SQL> CREATE TABLE NEW (NO NUMBER(10), 이름 VARCHAR2(20), 수량 NUMBER(10));
테이블이 생성되었습니다.
```

```
INSERT INTO NEW VALUES (1, 'X', 6);
INSERT INTO NEW VALUES (2, 'X', 7);
INSERT INTO NEW VALUES (3, 'Y', 12);
INSERT INTO NEW VALUES (4, Y, 5);
INSERT INTO NEW VALUES (5, NULL, NULL);
```

```
SQL> insert into NEW VALUES (1, 'X', 6);
1 개의 행이 만들어졌습니다.
SQL> insert into NEW VALUES (2, 'X', 7);
1 개의 행이 만들어졌습니다.
SQL> insert into NEW VALUES (3, 'Y', 12);
1 개의 행이 만들어졌습니다.
SQL> insert into NEW VALUES(4, 'Y', 5);
1 개의 행이 만들어졌습니다.
SQL> insert into NEW VALUES(5, NULL, NULL);
1 개의 행이 만들어졌습니다.
```

```
SELECT * FROM NEW;
```

```
SQL> select * from NEW;

        NO 이름                             수량
---------- -------------------- ----------
         1 X                             6
         2 X                             7
         3 Y                            12
         4 Y                             5
         5
```

NEW 테이블에서 이름을 그룹핑하여 이름의 개수를 그룹별로 산정한다. X, Y는 각각 2개씩 있으므로, COUNT가 2라고 출력된다. 그리고, NULL 값은 0으로 표시된다.

```
SELECT 이름, COUNT(이름) FROM NEW GROUP BY 이름;
```

```
SQL> select 이름, count(이름) from new group by 이름;

이름                 COUNT(이름)
-------------------- -----------
                               0
Y                              2
X                              2
```

NEW 테이블에서 이름을 그룹핑하여 이름의 개수가 1개인 이름을 출력한다. X, Y가 각각 2개씩 존재하므로, 1개인 이름이 존재하지 않는다.

```
SELECT 이름, COUNT(이름) FROM NEW GROUP BY 이름
        having COUNT(이름)=1;
```

```
SQL> select 이름, count(이름) from NEW group by 이름 having count(이름)=1;

선택된 레코드가 없습니다.
```

10.2 부속 질의_서브쿼리

10.2.1 개요

SELECT 명령에 의한 데이터 질의로서, 상부가 아닌 하부의 부수적인 질의를 의미한다. 하나의 SQL 문 안에 다른 SQL 문이 중첩된 질의를 의미한다. 결국, 필요한 데이터만 찾아서 공급해주는 것이 부속질의이다. 다음의 샘플 테이블을 통해 단계별로 설명하도록 하겠다.

[SAMPLE_X]

no	score
1	90
2	70
3	80
4	30

[SAMPLE_Y]

no	score
1	80
2	20
3	70

• SAMPLE_X 테이블 생성

```
CREATE TABLE SAMPLE_X (no number(2), score number(3));
    SAMPLE_X 테이블 데이터 삽입
    INSERT INTO  SAMPLE_X VALUES(1, 90);
    INSERT INTO  SAMPLE_X VALUES(2, 70);
    INSERT INTO  SAMPLE_X VALUES(3, 80);
    INSERT INTO  SAMPLE_X VALUES(4, 30);
```

```
SQL> CREATE TABLE SAMPLE_X (no number(2), score number(3));
테이블이 생성되었습니다.
SQL> INSERT INTO  SAMPLE_X VALUES(1, 90);
1 개의 행이 만들어졌습니다.
SQL> INSERT INTO  SAMPLE_X VALUES(2, 70);
1 개의 행이 만들어졌습니다.
SQL> INSERT INTO  SAMPLE_X VALUES(3, 80);
1 개의 행이 만들어졌습니다.
SQL> INSERT INTO  SAMPLE_X VALUES(4, 30);
1 개의 행이 만들어졌습니다.
```

• SAMPLE_Y 테이블 생성한다.

```
CREATE TABLE SAMPLE_Y (no number(2), score number(3));
     SAMPLE_Y 테이블 데이터 삽입한다.
     INSERT INTO  SAMPLE_Y VALUES(1, 80);
     INSERT INTO  SAMPLE_Y VALUES(2, 20);
     INSERT INTO  SAMPLE_Y VALUES(3, 70);
```

```
SQL> CREATE TABLE SAMPLE_Y (no number(2), score number(3));
테이블이 생성되었습니다.
SQL> INSERT INTO  SAMPLE_Y VALUES(1, 80);
1 개의 행이 만들어졌습니다.
SQL> INSERT INTO  SAMPLE_Y VALUES(2, 20);
1 개의 행이 만들어졌습니다.
SQL> INSERT INTO  SAMPLE_Y VALUES(3, 70);
```

• SAMPLE_X 테이블 전체 데이터 조회한다.

```
SELECT * FROM SAMPLE_X;
```

```
SQL> SELECT * FROM SAMPLE_X;
        NO      SCORE
---------- ----------
         1         90
         2         70
         3         80
         4         30
```

• SAMPLE_Y 테이블 전체 데이터를 조회한다.

```
SELECT * FROM SAMPLE_Y;
```

```
SQL> SELECT * FROM SAMPLE_Y;
        NO      SCORE
---------- ----------
         1         80
         2         20
         3         70
```

10.2.2 SELECT 서브쿼리

SELECT 구에서 서브쿼리를 사용할 수 있다. SELECT 구에서 서브쿼리를 사용하고자 할 때

상부의 SELECT 명령에는 FROM 구가 없다. 오라클에서는 FROM 구를 생략할 수 없기 때문에 데이터베이스의 기본 테이블인 DUAL을 사용하여 FROM DUAL 형식으로 상부의 SELECT와 연결하여 실행한다. 서브쿼리의 테이블 열과 식의 별칭은 AS(Alias)와 함께 지정되거나 AS 붙이지 않고 지정된다.

SELECT 서브쿼리를 사용하여 SAMPLE_X 테이블 행의 개수와 SAMPLE_Y 테이블 행의 개수를 각각 조회한다. 이때, 각각의 테이블의 열의 이름을 변경하고자 할 때에는 SELECT 서브쿼리 문을 괄호로 먼저 묶고 열의 이름을 지정한다. 테이블 열의 이름은 별칭(Alias, AS)를 붙여도 되고 붙이지 않아도 된다.

```
SELECT (SELECT COUNT(*) FROM SAMPLE_X) table1,
       (SELECT COUNT(*) FROM SAMPLE_Y) table2
FROM DUAL;
```

```
SQL> SELECT (SELECT COUNT(*) FROM SAMPLE_X) table1, (SELECT COUNT(*) FROM SAMPL

   TABLE1     TABLE2
---------- ----------
        4          3
```

FROM DUAL을 포함시키지 않으면 에러가 발생한다.

```
SQL> SELECT (SELECT COUNT(*) FROM SAMPLE_X) AS table1, (SELECT COUNT(*) FROM S
  2  AS table2;
AS table2
      *
2행에 오류:
ORA-00923: FROM 키워드가 필요한 위치에 없습니다.
```

테이블 행을 별칭할 때 별칭(ALIAS, AS)을 사용하여도 된다.

```
SELECT (SELECT COUNT(*) FROM SAMPLE_X) AS table1,
       (SELECT COUNT(*) FROM SAMPLE_Y) AS table2
FROM DUAL;
```

```
SQL> SELECT (SELECT COUNT(*) FROM SAMPLE_X) AS table1, (SELECT COUNT(*) FROM SA
  2  FROM DUAL;

   TABLE1     TABLE2
---------- ----------
        4          3
```

이때, 주의할 점은 별칭으로 지칭한 테이블은 임시 테이블로 실제 테이블이 존재하지는 않는다는 것이다.

```
SQL> seleot * from table1:
seleot * from table1
                *
1행에 오류:
ORA-00942: 테이블 또는 뷰가 존재하지 않습니다

SQL> seleot * from table2:
seleot * from table2
                *
1행에 오류:
ORA-00942: 테이블 또는 뷰가 존재하지 않습니다
```

10.2.3 DELETE 서브쿼리

DELETE 구에서 서브쿼리를 사용할 수 있다. SAMPLE_X 테이블에서 최댓값을 삭제하고자 할 때 먼저 테이블에서 최댓값을 찾아서 최댓값을 삭제하는데 이때, WHERE 구에서 SELECT 서브쿼리를 사용하여 최댓값을 찾은 다음 DELETE 구절에서 최댓값을 삭제한다. 다시 말해서, SELECT 명을 사용하면 하나의 DELETE 명령으로 원하는 행을 삭제할 수 있다.

서브쿼리를 사용하면 DELETE 명령과 SELECT 명령을 결합시켜 해당되는 조건에 맞는 내용을 삭제할 수 있다. 서브쿼리는 괄호 안에 들어 있는 서브쿼리부터 먼저 실행한다.

다음의 샘플 테이블을 통해 단계별로 설명하도록 하겠다.

[SAMPLE_X]

no	score
1	90
2	70
3	80
4	30

SAMPLE_X 테이블에서 최댓값을 찾은 다음 최댓값의 행을 삭제한다.

```
DELETE FROM SAMPLE_X WHERE score = (SELECT
        MAX(score) FROM SAMPLE_X);
```

```
SQL> DELETE FROM SAMPLE_X WHERE score = (SELECT MAX(score) FROM SAMPLE_X):
1 행이 삭제되었습니다.
SQL> SELECT * FROM SAMPLE_X:
        NO      SCORE
---------- ----------
         2         70
         3         80
         4         30
```

10.2.4 SET 서브쿼리

UPDATE의 SET 구에서 서브쿼리를 사용할 수 있다. SET 구에서 서브쿼리를 사용하여 테이블의 데이터를 갱신하고자 한다. 먼저 SAMPLE_Y 테이블의 score에서 최댓값을 구한 다음 이 최댓값을 score에 갱신한다.

다음의 샘플 테이블을 통해 단계별로 설명하도록 하겠다.

[SAMPLE_Y]

no	score
1	80
2	20
3	70

```
UPDATE SAMPLE_Y SET score = (SELECT MAX(score) FROM
         SAMPLE_Y);
```

```
SQL> UPDATE SAMPLE_Y SET score = (SELECT MAX(score) FROM SAMPLE_Y);
3 행이 갱신되었습니다.
SQL> select * from SAMPLE_Y;
        NO      SCORE
---------- ----------
         1         80
         2         80
         3         80
```

10.2.5 FROM 서브쿼리

FROM 구에서 서브쿼리를 사용할 수 있다. FROM 뒤에 테이블 서브쿼리의 이름을 지정해야 한다. FROM 뒤의 서브쿼리 이름을 지정할 때는 AS없이 이름을 지정한다. AS를 사용하게 되면 하면 에러가 발생한다.

```
SELECT * FROM (SELECT * FROM SAMPLE_X) table1;
```

```
SQL> SELECT * FROM (SELECT * FROM SAMPLE_X) table1;
        NO      SCORE
---------- ----------
         1         90
         2         70
         3         80
         4         30
```

```
SELECT * FROM (SELECT * FROM SAMPLE_X) as table1;
```

```
SQL> SELECT * FROM (SELECT * FROM SAMPLE_X) as table1;
SELECT * FROM (SELECT * FROM SAMPLE_X) as table1
                                         *
1행에 오류:
ORA-00933: SQL 명령어가 올바르게 종료되지 않았습니다
```

10.2.6 INSERT 서브쿼리

INSERT 구에서 서브쿼리를 사용할 수 있다. 일반적으로 INSERT 명령과 서브쿼리를 조합해 사용할 수 있는데 VALUES 구의 일부로 서브쿼리를 사용하는 방법과 VALUES 구 대신에 SELECT을 사용하는 두 가지 방법이 있다.

먼저 VALUES 구의 일부로 서브쿼리를 사용하는 방법을 알아본다.

- SAMPLE_XX 테이블 구조부터 살펴본다.

no	score

- SAMPLE_X와 SAMPL_Y 테이블과 동일한 구조와 자료형의 신규 테이블 SAMPLE_XX을 생성한다.

```
CREATE TABLE  SAMPLE_XX (no NUMBER(2), score
         NUMBER(3));
```

- 신규 테이블 SAMPLE_XX에 SAMPLE_X의 행 개수와 SAMPLE_Y의 행 개수를 각각 삽입한다.

```
INSERT INTO SAMPLE_XX VALUES (
     (SELECT count(*) FROM SAMPLE_X),
     (SELECT count(*) FROM SAMPLE_Y)
);
```

```
SELECT * FROM SAMPLE_XX;
```

```
SQL> INSERT INTO SAMPLE_XX VALUES (
  2         (SELECT count(*) FROM SAMPLE_X),
  3         (SELECT count(*) FROM SAMPLE_Y)
  4      );

1 개의 행이 만들어졌습니다.

SQL> select * from sample_xx;

        NO      SCORE
---------- ----------
         3          3
```

다음으로 VALUES 구 대신에 SELECT 명령을 사용하고자 한다. 즉, INSERT ~ VALUES 대신에 INSERT ~ SELECT를 사용하고자 한다. 여기서는 서브쿼리를 실행할 때 사용되는 괄호를 사용하지 않는다.

- SAMPLE_YY 테이블 구조부터 살펴본다.

no	score

- SAMPLE_X와 SAMPL_Y 테이블과 동일한 구조와 자료형의 신규 테이블 SAMPLE_YY을 생성한다.

```
CREATE TABLE  SAMPLE_YY (no NUMBER(2), score
        NUMBER(3));
```

- 신규 테이블 SAMPLE_YY에 SAMPLE_X의 행 개수와 SAMPLE_Y의 행 개수를 각각 삽입한다.

```
INSERT INTO SAMPLE_YY SELECT 1, 1 FROM DUAL;
INSERT INTO SAMPLE_YY SELECT 2, 2 FROM DUAL;
INSERT INTO SAMPLE_YY SELECT 3, 3 FROM DUAL;
```

```
SQL>  INSERT INTO SAMPLE_YY SELECT 1, 1 FROM DUAL;
1 개의 행이 만들어졌습니다.
SQL>    INSERT INTO SAMPLE_YY SELECT 2, 2 FROM DUAL;
1 개의 행이 만들어졌습니다.
SQL>    INSERT INTO SAMPLE_YY SELECT 3, 3 FROM DUAL;
1 개의 행이 만들어졌습니다.
```

```
SELECT * FROM SAMPLE_YY;
```

```
SQL> SELECT * FROM SAMPLE_YY;
        NO      SCORE
---------- ----------
         1          1
         2          2
         3          3
```

이때, 주의할 점은 INSERT ~ SELECT 문에서 FROM DUAL 사용하지 않으면 에러가 발생한다는 것이다.

```
SQL> INSERT INTO SAMPLE_YY SELECT 4, 4;
INSERT INTO SAMPLE_YY SELECT 4, 4
                                 *
1행에 오류:
ORA-00923: FROM 키워드가 필요한 위치에 없습니다.
```

10.2.7 EXISTS 서브쿼리

서브쿼리를 사용해서 검색할 때 데이터의 존재 여부를 판별하기 위한 조건을 지정할 때 사용한다. 두 개의 테이블에서 첫 번째 테이블의 데이터 값을 NULL로 설정하고 두 번째 테이블의 행과 일치하는 첫 번째 테이블의 행이 있다면 첫 번째 테이블의 행 값을 갱신한다.

다음의 샘플 테이블을 통해 단계별로 설명하도록 하겠다.

[SAMPLE_X3]

no	credit
1	NULL
2	NULL
3	NULL
4	NULL
5	NULL

[SAMPLE_Y3]

no	final
3	90
5	70

- SAMPLE_X3 테이블 생성하고 데이터 삽입하고 조회한다.

```
CREATE TABLE SAMPLE_X3 (no NUMBER(10), credit number(10));
   INSERT INTO SAMPLE_X3 VALUES (1, NULL);
   INSERT INTO SAMPLE_X3 VALUES (2, NULL);
   INSERT INTO SAMPLE_X3 VALUES (3, NULL);
   INSERT INTO SAMPLE_X3 VALUES (4, NULL);
   INSERT INTO SAMPLE_X3 VALUES (5, NULL);
```

```
SQL> INSERT INTO SAMPLE_X3 VALUES (1, NULL);
1 개의 행이 만들어졌습니다.
SQL> INSERT INTO SAMPLE_X3 VALUES (2, NULL);
1 개의 행이 만들어졌습니다.
SQL> INSERT INTO SAMPLE_X3 VALUES (3, NULL);
1 개의 행이 만들어졌습니다.
SQL> INSERT INTO SAMPLE_X3 VALUES (4, NULL);
1 개의 행이 만들어졌습니다.
SQL> INSERT INTO SAMPLE_X3 VALUES (5, NULL);
1 개의 행이 만들어졌습니다.
```

```
SELECT * FROM SAMPLE_X3;
```

```
SQL> SELECT * FROM SAMPLE_X3;
        NO     CREDIT
---------- ----------
         1
         2
         3
         4
         5
```

• SAMPLE_Y3 테이블 생성하고 데이터 삽입하고 조회한다.

```
CREATE TABLE SAMPLE_Y3 (no NUMBER(10), final
        number(10));
        INSERT INTO SAMPLE_Y3 VALUES (3, 90);
        INSERT INTO SAMPLE_Y3 VALUES (5, 70);
```

```
SQL> INSERT INTO SAMPLE_Y3 VALUES (3, 90);
1 개의 행이 만들어졌습니다.
SQL> INSERT INTO SAMPLE_Y3 VALUES (5, 70);
1 개의 행이 만들어졌습니다.
```

```
SELECT * FROM SAMPLE_Y3;
```

```
SQL> SELECT * FROM SAMPLE_Y3;
        NO      FINAL
---------- ----------
         3         90
         5         70
```

• SAMPLE_X3 테이블의 no와 SAMPLE_Y3의 no가 동일한 SAMPLE_X3 행의 널값에 1을 갱신하고 SAMPLE_X3 전체 데이터를 조회한다.

```
UPDATE SAMPLE_X3 SET credit = 1 WHERE EXISTS
  (SELECT * FROM  SAMPLE_Y3 WHERE SAMPLE_Y3.no =
  SAMPLE_X3.no);
```

```
SELECT * FROM SAMPLE_X3;
```

```
SQL> UPDATE SAMPLE_X3 SET credit = 1 WHERE EXISTS (SELECT * FROM  SAMPLE_Y3 WH
2 행이 갱신되었습니다.
SQL> select * from sample_x3;
        NO     CREDIT
---------- ----------
         1
         2
         3          1
         4
         5          1
```

10.2.8 NOT EXISTS 서브쿼리

서브쿼리를 사용해서 검색할 때 데이터의 존재 여부를 판별하기 위한 조건을 지정할 때 사용한다. EXISTS의 반대 개념으로 두 번째 테이블의 행과 일치하지 않는 첫 번째 테이블의 행이 있는 첫 번째 테이블의 행 값을 갱신한다.

여기서, SAMPLE_X3 앞의 EXISTS 서브쿼리 사용 후 변경된 테이블이다.

[SAMPLE_X3]

no	credit
1	NULL
2	NULL
3	1
4	NULL
5	1

[SAMPLE_Y3]

no	final
3	90
5	70

• SAMPLE_X3 테이블의 no와 SAMPLE_Y3의 no가 동일하지 않은 SAMPLE_X3 행의 널값에 0을 갱신하고 SAMPLE_X3 전체 데이터를 조회한다.

```
UPDATE SAMPLE_X3 SET credit = 0 WHERE NOT EXISTS
 (SELECT * FROM  SAMPLE_Y3 WHERE SAMPLE_Y3.no =
 SAMPLE_X3.no);
```

```
SELECT * FROM SAMPLE_X3;
```

```
SQL> UPDATE SAMPLE_X3 SET credit = 0 WHERE NOT EXISTS (SELECT * FROM  SAMPLE_Y3
  2  WHERE SAMPLE_Y3.no = SAMPLE_X3.no);

3 행이 갱신되었습니다.

SQL>
SQL> SELECT * FROM SAMPLE_X3;

        NO     CREDIT
---------- ----------
         1          0
         2          0
         3          1
         4          0
         5          1
```

10.2.9 IN 서브쿼리

IN 구에서 서브쿼리를 사용할 수 있다. IN의 오른쪽에 집합을 저장한다. 왼쪽에 지정된 값과 같이 값이 집합 안에 존재하면 참을 반환한다. 집합은 상수 리스트를 괄호로 묶어 작성한다. 다음과 같이 IN을 사용한 조건식으로 저장한다.

```
SELECT * FROM SAMPLE_X3 WHERE no IN (3, 5);
```

```
SQL> SELECT * FROM SAMPLE_X3 WHERE no IN (3, 5);

        NO     CREDIT
---------- ----------
         3          1
         5          1
```

IN의 오른쪽을 서브쿼리로 저장한다.

```
SELECT * FROM SAMPLE_X3 WHERE no IN (SELECT no
   FROM SAMPLE_Y3);
```

```
SQL> SELECT * FROM SAMPLE_X3 WHERE no IN (SELECT no FROM SAMPLE_Y3);

        NO     CREDIT
---------- ----------
         3          1
         5          1
```

연습문제

* 다음의 '상품 테이블'을 참조하여 아래의 문항들을 서술하시오.

[상품 테이블]

상품ID	상품명	재고량
001	딸기	3000
002	키위	2000
003	바나나	5000
004	사과	4000

[문제 1] 상품 테이블 재고량의 최댓값을 구하시오.

[문제 2] 상품 테이블 재고량의 최솟값을 구하시오.

[문제 3] 상품 테이블 재고량의 합계를 구하시오.

[문제 4] 상품 테이블 재고량의 평균값을 구하시오.

[문제 5] 상품 테이블 행의 개수를 구하시오.

* 다음의 샘플 테이블들을 참조하여 아래의 문항들을 서술하시오.

[SAMPLE_NEW]

no	score
1	30
2	50
3	80

[SAMPLE_NEW1]

no	score
1	40
2	70

[문제 6] SAMPLE_NEW 테이블 컬럼의 행 값을 table1을 지칭하고 SAMPLE_NEW1 테이블 칼럼의 행의 값을 table2로 지칭하고 그 값들을 각각 조회하시오.

[문제 7] SAMPLE_NEW 테이블에서 최댓값을 찾은 다음 최댓값의 행을 삭제하시오.

[문제 8] SAMPLE_NEW 테이블의 score에서 최댓값을 구한 다음 이 최댓값을 score에 갱신하시오.

[문제 9] SAMPLE_NEW 테이블의 no와 SAMPLE_NEW1 테이블의 no가 동일한 SAMPLE_NEW1 행의 score 값에 1을 갱신하고, SAMPLE_NEW1 전체 데이터를 조회한다.

[문제 10] SAMPLE_NEW 테이블의 no와 SAMPLE_NEW1 테이블의 no가 동일하지 않은 SAMPLE_NEW 행의 score 값에 1을 갱신하고, SAMPLE_NEW 전체 데이터를 조회한다.

부록

A. SQL 응용 실습 Ⅰ

B. SQL 응용 실습 Ⅱ

A. SQL 응용 실습 I

【예제 1】 테이블의 생성, 데이터 삽입, 조건에 부합하는 테이블의 레코드 조회한다.

[STUDENT 테이블]

sno	sname	year	dept
100	홍길동	4	컴퓨터
200	송순이	3	전기
300	박근태	1	컴퓨터
400	김삿갓	4	컴퓨터
500	나원일	2	산업공학

[COURSE 테이블]

cno	cname	credit	dept	prof
c123	c언어	3	컴퓨터	최준구
c312	자료구조	3	컴퓨터	왕사일
c324	파일처리	3	컴퓨터	조근배
c413	데이터베이스	3	컴퓨터	송박사
e412	반도체공학	3	전자	이박사

[ENROLL 테이블]

sno	cno	grade	midterm	final
100	c413	A	90	95
100	e412	A+	95	95
200	c123	B+	85	85
300	c312	A	90	95
300	c324	C+	75	75
300	c413	A	95	90
400	c312	A	90	95
400	c324	A	95	90
400	c413	B	80	85
400	e412	C	65	75
500	c312	B	85	80

1. STUDENT 테이블 생성한다.

SQL> ____________________

2. STUDENT 테이블에 100, '홍길동', 4, '컴퓨터' 데이터를 삽입한다.

SQL> ____________________

3. 계속해서 4명의 학생 레코드를 STUDENT 테이블에 삽입한다.

SQL> ____________________

4. COURSE 테이블 생성한다.

SQL> ____________________

5. COURSE 테이블에 200, '송순이', 3, '전기' 레코드를 삽입한다.

SQL> ____________________

6. 계속해서 4개 과목 레코드를 COURSE 테이블에 삽입한다.

SQL> ____________________

7. ENROLL 테이블 생성한다.

SQL> ____________________

8. ENROLL 테이블에 100, 'c413', 'A' 90, 95 레코드를 삽입한다.

SQL> ____________________

9. 계속해서 10개 과목 레코드를 ENROLL 테이블에 삽입한다.

SQL> ______________________________

10. STUDENT 테이블의 모든 레코드를 조회한다.

SQL> ______________________________

11. COURSE 테이블의 모든 레코드를 조회한다.

SQL> ______________________________

12. ENROLL 테이블의 모든 레코드를 조회한다.

SQL> ______________________________

13. STUDENT 테이블에서 학과가 컴퓨터인 학생의 이름만 조회한다.

SQL> ______________________________

14. STUDENT 테이블에서 학과가 컴퓨터인 학생의 이름을 오름차순으로 조회한다.

SQL> ______________________________

15. STUDENT 테이블에서 학과가 컴퓨터인 학생의 이름을 내림차순으로 조회한다.

SQL>

16. COURSE 테이블에서 ENROLL 테이블에서 학점이 A이고 학과가 컴퓨터인 학생의 학번과 과목명을 조회한다.

SQL> ______________________________

【예제 2】 테이블 생성, 데이터 삽입, 조건에 부합하는 테이블 레코드 조회, 테이블 복사, 테이블 구조 확인, 테이블 칼럼 타입을 변경한다.

[SCORE_A 테이블]

ID	NAME	C	CPP	JAVA	SUM	AVE
1606001	홍길동	77	87	66		
1606002	송순이	88	88	88		
1606003	박근태	78	78	99		
1606004	김삿갓	76	98	66		
1606005	나원일	79	77	87		

1. SCORE_A 테이블을 생성한다.

SQL> ______________________________

2. 먼저 2명의 학생 데이터를 삽입한다.

SQL> ______________________________

3. SCORE_A 테이블의 모든 레코드 내용을 확인한다.

SQL> ______________________________

4. SCORE_A의 테이블 구조를 확인한다.

SQL> ______________________________

5. 컬럼 ID NUMBER(7)을 ID VARCHAR2(7)로 변경한다.

SQL> ______________________________

6. SCORE_A의 레코드 모두를 SCORE_X에 옮긴다.

SQL> ______________________________

7. SCORE_A 테이블에 포함되어 있는 레코드들을 모두 삭제-테이블 구조만 남긴다.

SQL> ____

8. SCORE_A 테이블 구조를 확인하시오.

SQL> ____

9. 다시 컬럼 ID NUMBER(7)을 ID VARCHAR2(7)로 변경하시오.

SQL> ____

10. SCORE_A의 구조를 확인하시오

SQL> ____

11. SCORE_X에서 SCORE_A로 레코드를 이전하시오.

SQL> ____

12. SUM을 C+CPP+JAVA로 계산하고 AVE를 SUM/3으로 계산하여 변경하시오.

SQL> ____

13. 계산하여 변경한 내용을 확인하시오.

SQL> ____

14. 총합계 점수가 합계가 240점 이상인 학생의 학번과 이름을 출력한다.

SQL> ____

【예제 3】 테이블 생성, 데이터 삽입, 조건에 부합하는 테이블 레코드 조회, 테이블 복사, 테이블 삭제, 테이블 구조 확인, 테이블 칼럼 변경, 테이블 숫자 레코드를 계산하여 삽입한다.

[EMPLOYEE 테이블]

사원번호	사원이름	정성평가	정량평가	보너스점수	합계	평균
19700101	이길동	5	4	1		
19700102	이수진	3	4	2		
19700103	유윤진	4	3	1		
19700104	윤성진	2	3	1		
19700105	조원일	5	5	3		

1. EMPLOYEE 테이블을 생성한다.

SQL> ______________________________

2. INSERT 문으로 먼저 2명의 사원 데이터를 삽입한다.

SQL> ______________________________

3. EMPLOYEE 테이블의 데이터 내용을 확인한다.

SQL> ______________________________

4. EMPLOYEE의 테이블 구조를 확인한다.

SQL> ______________________________

5. 컬럼 이름 VARCHAR2(30)를 이름 VARCHAR2(20)로 변경한다.

SQL> ______________________________

6. EMPLOYEE의 레코드 모두를 EMPLOYEE_NEW에 옮긴다.

SQL> ______________________________

7. EMPLOYEE 테이블에 포함되어 있는 레코드들을 모두 삭제-테이블 구조만 남긴다.

SQL> ____

8. EMPLOYEE 테이블 구조를 확인한다.

SQL> ____

9. 다시 컬럼 이름 VARCHAR(20)을 이름 VARCHAR2(30)로 변경한다.

SQL> ____

10. EMPLOYEE의 구조를 확인한다.

SQL> ____

11. EMPLOYEE_NEW에서 EMPLOYEE로 레코드를 이전한다.

SQL> ____

12. 합계를 정성평가+정량평가+보너스점수로 계산하고 AVE를 합계/3으로 계산하여 변경한다.

SQL> ____

13. 사원평가점수 합계가 8 이상인 사원의 사원번호와 이름을 조회한다.

SQL> ____

【예제 4】 테이블 생성, 기존테이블과 중복되는 데이터 복사, 신규 데이터를 삽입한다.

[ADDRESS 테이블]

ID	NAME	ADDRESS
19700101	이길동	서울 송파구
19700102	이수진	서울 동대문구
19700103	유윤진	안양 박달동
19700104	윤성진	성남 수정구
19700105	조원일	성남 판교

1. ADDRESS 테이블을 생성한다.

SQL> ________________________________

2. EMPLOYEE 테이블에서 사원번호와 사원이름을 가져간다.

SQL> ________________________________

3. ADDRESS 테이블의 레코드 내용을 확인한다.

SQL> ________________________________

4. 주소 입력은 UPDATE 문을 사용하여 각자 입력한다.

SQL> ________________________________

【예제 5】 테이블 생성, 기존테이블과 중복되는 데이터 복사, 신규 데이터를 삽입한다.

[EMPLOYEE_SCORE 테이블]

사원번호	사원이름	정성평가	정량평가	보너스점수	합계	평균
19700101	이길동	5	4	1		
19700102	이수진	3	4	2		
19700103	유윤진	4	3	1		
19700104	윤성진	2	3	1		
19700105	조원일	5	5	3		

1. EMPLOYEE_SCORE 테이블을 생성한다.

SQL> ______________________________

2. EMPLOYEE 테이블의 사원번호와 사원이름, 정성평가와 정량평가 점수를 가져간다.

SQL> ______________________________

3. EMPLOYEE_SCORE 테이블의 레코드 내용울 확인한다.

SQL> ______________________________

4. 합계 입력은 UPDATE 문을 사용하여 각자 입력한다.

SQL> ______________________________

5. 평균 입력 또한 UPDATE 문을 사용하여 각자 입력한다.

SQL> ______________________________

【예제 6】 테이블 생성, 데이터 삽입, 조건에 맞는 데이터 조회, 테이블 구조, 데이터 전체 내용 등을 확인 한다.

[PEOPLE 테이블]

ID	NAME	ADDRESS	AGE
001	홍길동	서울 송파구	23
002	송순이	서울 동대문구	22
003	박근태	안양 박달동	21
004	김삿갓	성남 수정구	24
005	나원일	성남 판교	19

1. PEOPLE 테이블을 생성한다.

SQL> ____

2. PEOPLE 테이블의 레코드를 삽입한다.

SQL> ____

3. PEOPLE 데이터 구조를 확인한다.

SQL> ____

4. PEOPLE 데이터 전체 내용을 확인한다.

SQL> ____

5. 나이가 22세 이상을 확인한다.

SQL> ____

6. 서울 송파구의 사는 사람의 이름을 조회한다.

SQL> ____

【예제 7】 테이블 생성, 데이터 삽입, 테이블 구조 확인, 테이블 복사, 조건에 맞는 데이터 조회, 테이블 내용을 삭제한다.

[PRODUCT 테이블]

PROD_ID	MAKER	YEAR	PROD_NAME	PRICE
001	LG	2015	TV40	100
002	SAMSUNG	2016	TV50	150
003	LG	2015	NOTE15	140
004	SAMSUNG	2016	NOTE15	120
005	APPLE	2016	MACPRO	160

1. PRODUCT 테이블을 생성한다.

SQL> ______________________________

2. PRODUCT 테이블을 삽입한다.

SQL> ______________________________

3. PRODUCT 테이블 구조를 확인한다.

SQL> ______________________________

4. PRODUCT 테이블의 모든 레코드를 출력한다.

SQL> ______________________________

5. PRODUCT 테이블의 모든 LG 제품을 출력한다.

SQL> ______________________________

6. PRODUCT 테이블의 가격이 130 이상인 모든 제품을 알고자 한다.

SQL> ______________________________

7. PRODUCT의 모든 내용을 PRODTEMP을 생성하면서 이동한다.

SQL> ______________________________

8. PRODUCT의 구조는 남기고 모든 내용을 삭제한다.

SQL> ______________________________

9. PRODTEMP 테이블에서 PRODUCT로 레코드를 이전한다.

SQL> ______________________________

10. PRODUCT 테이블의 내용을 확인한다.

SQL> ______________________________

【예제 8】 테이블 생성, 데이터 삽입, 테이블 구조 확인, 테이블 복사, 조건에 맞는 데이터 조회, 테이블 내용 등을 삭제한다.

[CUSTOMER 테이블]

ID	NAME	ADDRESS1	ADDRESS2	TEL	AGE	SEX
001	홍길동	서울	송파-1	010-1234-1234	33	F
002	송난이	성남	복정	010-1111-2222	44	M
003	박1	이천			22	F
004	김	용인			54	M
005	이2	서울	문정		33	F
006	전1	성남	수정		23	F
007	오	성남	상대		25	F
008	박2	성남	태평		20	M
009	전2	용인			19	M
010	이1	서울	송파-2		15	F

1. CUSTOMER 테이블을 생성한다.

SQL> ______________________________

2. 홍길동과 송난이 레코드를 삽입한다.

SQL> ______________________________

3. 나이가 30 이상인 남자를 조회한다.

SQL> ______________________________

4. 서울 사는 여자를 알고 싶다.

SQL> ______________________________

5. 용인 사는 모든 사람을 알고자 한다.

SQL> ______________________________

6. CUSTOMER의 모든 내용을 CUSTOMER_NEWP을 생성하면서 옮기고자 한다.

SQL> ____

7. CUSTOMER 의 구조는 남기고 모든 내용을 삭제한다.

SQL> ____

8. CUSTOMER_NEW 테이블에서 CUSTOMER 테이블로 레코드를 이전한다.

SQL> ____

9. CUSTOMER 테이블의 내용을 확인한다.

SQL> ____

【예제 9】 테이블 생성, 데이터 삽입, 조건에 맞는 데이터 조회한다(와일드카드(%), IN, BETWEEN, <, > <=, >= 등 사용).

[EMPL 테이블]

ID	NAME	ADDRESS	TEL	SEX	AGE	SALARY
001	HONG 01	SEOUL	010-1234-1234	M	34	3000
002	SONG 01	SEOUL	010-2222-3333	M	23	2000
003	LEE 01	SUNGNAM	010-2345-2345	F	54	5000
004	PARK 01	SUNGNAM	010-3333-4444	M	33	3300
005	HONG 01	INSCHUN	010-1111-2222	F	26	2600
006	LEE 02	SEOUL	010-2234-1234	M	23	2300
007	PARK 02	SEOUL	010-1222-3333	F	25	2000
008	LEE 03	SUNGNAM	010-1345-2345	M	44	4400
009	KIM 01	SUNGNAM	010-2333-4444	F	43	4000
010	KIM 02	INSCHUN	010-2111-2223	M	32	3000

1. EMPL 테이블을 생성한다.

SQL> ______________________________

2. EMPL 테이블 데이터를 삽입한다.

SQL> ______________________________

3. 이름이 KIM으로 시작하는 모든 사람을 출력한다.

SQL> ______________________________

4. 이름에 O가 있는 모든 사람을 알고자 한다.

SQL> ______________________________

5. 이름이 H로 시작하는 모든 사람을 출력한다.

SQL> ______________________________

6. 이름이 M으로 끝나는 모든 사람을 출력한다.

SQL> ______________________________

7. 연봉이 낮은 순(오름차순)으로 모든 사람의 이름, 주소, 성별을 알고자 한다.

SQL> ______________________________

8. 연봉이 높은 순으로 이름은 철자순(오름차순)으로 이름, 주소, 성별을 알고자 한다.

SQL> ______________________________

9. 연봉이 2000에서 3000 사이의 ID, NAME, SEX를 출력한다.
(NOT BETWEEN과 부등식(>, >=, <, <=) 각각 사용한다.)

SQL> ______________________________

10. 연봉이 2000 미만이거나 3000 이상인 ID, NAME, SEX를 알고자 한다.
(NOT BETWEEN과 부등식(>, >=, <, <=)을 각각 사용하시오.)

SQL> ______________________________

11. 연봉이 2000, 3000,4000인 모든 사람을 알고자 한다.
(IN과 부등식(>, >=, <, <=)을 각각 사용하시오)

SQL> ______________________________

12. 사원의 총 연봉을 출력한다.

SQL> ______________________________

13. 사원의 평균 연봉을 알고자 한다.

SQL> ______________________________

14. 최대, 최소 연봉을 알고자 한다.

SQL> ______________________________

15. 남자의 수를 조회한다.

SQL> ______________________________

16. 여자이면서 주소가 서울인 사람이 몇 명인지 조회한다.

SQL> ______________________________

【예제 10】 테이블 생성, 데이터 삽입, 테이블 칼럼 추가, 신규 칼럼에 데이터 추가, 테이블 복사, 신규 테이블을 추가한다.

[PL 테이블]

ID	NAME	SEX	SAL
001	KIM	M	2000
002	LEE	M	2500
003	PARK	F	3000
004	SONG	F	1800
005	HONG	M	3300

1. PL 테이블을 생성한다.

SQL> ____

2. PL 테이블에 DEPT와 AGE 컬럼을 추가한다.

SQL> ____

3. DEPT를 NUMBER(2)로 변경한다.

SQL> ____

[PL 테이블] - DEPT, AGE 칼럼이 추가된 테이블

ID	NAME	SEX	SAL	DEPT	AGE
001	KIM	M	2000	10	22
002	LEE	M	2500	20	33
003	PARK	F	3000	10	23
004	SONG	F	1800	10	34
005	HONG	M	3300	20	23

4. PL의 복사판 PLTEMP를 생성한다.

SQL> ____

[PL_X 테이블]

ID	NAME	ADDRESS	TEL	AGE
001	KIM			22
002	LEE			33
003	PARK			23
004	SONG			34
005	HONG			23

5. PL에서 PL_X라는 테이블을 생성한다.

   SQL> ______________________________

6. PL_X 테이블에 PL 테이블의 ID, NAME, AGE 데이터를 가지고 온다.

   SQL> ______________________________

7. PL_X 테이블의 ADDRESS와 TEL 칼럼에 아래 데이터를 입력하시오. ID 001에는 SEOUL과 010-000-000을 입력한다.

   SQL> ______________________________

8. ID 002에는 SEOUL과 010-000-001를 입력한다.

   SQL> ______________________________

9. ID 003에는 SUWON과 010-000-1111를 입력한다.

   SQL> ______________________________

10. ID 004에는 BUNDANG과 010-000-1121를 입력한다.

   SQL> ______________________________

11. ID 005에는 SEUNGNAM과 010-000-1131를 입력한다.

SQL> ____

12. PL_X 테이블의 다음 데이터를 삭제한다. ID가 01인 데이터를 삭제한다.

SQL> ____

13. PL_X 테이블을 조회한다.

SQL> ____

【예제 11】 테이블 생성, 데이터 삽입, 테이블 칼럼 추가, 신규 칼럼에 데이터 추가, 테이블 복사, 신규 테이블을 추가한다.

[NEW_STUDENT 테이블]

학번	이름	전공
20170101	홍길동	컴퓨터
20160102	이길상	전자
20150103	김원연	전기

1. NEW_STUDENT 테이블을 생성한다.

SQL> ______________________________

2. NEW_STUDENT 테이블의 데이터를 삽입한다.

SQL> ______________________________

3. NEW_STUDENT 테이블에 학년과 지도교수 컬럼을 추가한다.

SQL> ______________________________

4. 이름을 VARCHAR2(20)로 변경한다.

SQL> ______________________________

5. NEW_STUDENT의 복사판 NEW_STUDENT_TEMP를 생성한다.

SQL> ______________________________

[NEW_STUDENT_X 테이블]

학번	이름	전공	학년	지도교수
20170101	홍길동	컴퓨터		
20160102	이길상	전자		
20150103	김원연	전기		

6. NEW_STUDENT에서 NEW_STUDENT_X라는 테이블을 생성한다.

SQL> ______________________________

7. NEW_STUDENT_X 테이블에 NEW_STUDENT 테이블의 학번, 이름, 전공 데이터를 가지고 온다.

SQL> ______________________________

8. NEW_STUDENT_X 테이블의 학년과 지도교수 칼럼에 아래 데이터를 입력한다.
ID 20170101에는 1과 김상철을 입력한다.

SQL> ______________________________

9. ID 20170102에는 2와 이동영을 입력한다.

SQL> ______________________________

10. ID 20170103에는 3과 이동준을 입력한다.

SQL> ______________________________

11. NEW_STUDENT_X 테이블을 조회한다.

SQL> ______________________________

12. NEW_STUDENT_X 테이블을 조회한다.

SQL> ______________________________

13. NEW_STUDENT_X 테이블의 아래 데이터를 삭제한다.
ID가 20170101의 데이터를 삭제한다.

SQL> ______________________________

14. ID가 20170102의 데이터를 삭제한다.

SQL> ______________________________

15. ID 20170103의 데이터를 삭제한다.

SQL> ______________________________

16. NEW_STUDENT_X 테이블을 조회한다.

SQL> ______________________________

【예제 12】 테이블 생성, 데이터 삽입, 테이블, 데이터 복사, 조건에 맞는 내용을 조회한다.

[EMP_A· 테이블]

ID	NAME	ADDRESS	TEL	AGE	SEX
001	KIM				
002	LEE				
003	PARK				
004	SONG				
005	HONG				

1. EMP_A 테이블을 생성한다.

SQL> ____________________

2. 5명의 레코드를 삽입한다.

SQL> ____________________

[EMP_B 테이블]

ID	NAME	DEPT	POSITION	SAL
		10	과장	6000
		20	부장	8000
		10	사원	2500
		20	대리	3000
		20	과장	5500

3. EMP_B 테이블을 생성한다.

SQL> ____________________

4. EMP_A에서 EMP_B로 ID와 NAME을 갖고 온다.

SQL> ____________________

5. 평균 연봉을 조회한다.

SQL> ____

6. 평균 나이를 조회한다.

SQL> ____

7. 과장들 중 연봉이 높은 순으로 모든 사람을 조회한다.

SQL> ____

8. 과장의 평균 연봉을 조회한다.

SQL> ____

【예제 13】 테이블 이름 변경, 테이블 데이터 삭제, 테이블 정의 삭제를 한다.

[ENROLL 테이블]

sno	cno	grade	midterm	final
100	c413	A	90	95
100	e412	A+	95	95
200	c123	B+	85	85
300	c312	A	90	95
300	c324	C+	75	75
300	c413	A	95	90
400	c312	A	90	95
400	c324	A	95	90
400	c413	B	80	85
400	e412	C	65	75
500	c312	B	85	80

1. 테이블 이름을 ENROLL에서 ENROLL_NEW로 변경하시오.

   SQL> ______________________________

2. ENROLL 테이블을 조회하시오.

   SQL> ______________________________

3. ENROLL_NEW 테이블의 정의는 그대로 유지하고 데이터만 삭제하시오.

   SQL> ______________________________

4. ENROLL_NEW 테이블의 구조를 확인하시오.

   SQL> ______________________________

5. ENROLL_NEW 테이블 정의 및 데이터를 삭제하시오.

   SQL> ______________________________

6. ENROLL_NEW 테이블의 구조를 확인하시오.

SQL> ____

7. ENROLL_NEW 테이블를 조회하시오.

SQL> ____

【예제 14】 테이블 이름 변경, 테이블 데이터 삭제, 테이블 정의를 삭제한다.

[상품 테이블]

상품명	상품이름	상품가격	재고량
a111	롱코트	2000	5000
b222	블라우스	2500	6000
c333	패딩	1200	5500
d444	치마	5000	5000
e555	바지	3000	6000

1. 테이블 이름을 상품에서 신상품으로 변경하시오.

SQL> ______________________________

2. 상품 테이블을 조회하시오.

SQL> ______________________________

3. 신상품 테이블의 정의는 그대로 유지하고 데이터만 삭제하시오.

SQL> ______________________________

4. 신상품 테이블의 구조를 확인하시오.

SQL> ______________________________

5. 신상품 테이블 정의 및 데이터를 삭제하시오.

SQL> ______________________________

6. 신상품 테이블를 조회하시오.

SQL> ______________________________

【예제 15】 테이블 두 개 이상 조인한다.

(1) 예제를 통하여 cross join을 이용하여 2개 이상의 테이블 조인하는 것을 실습해 본다.

[join_sample1 테이블]

id	name	address
1	a	x
2	b	y
3	c	z

[join_sample2 테이블]

no	prod	price
1	qqq	10
2	www	20

1. join_sample1 테이블을 생성하고 데이터를 삽입한다.

SQL> ______________________________

2. join_sample2 테이블을 생성하고 데이터를 삽입한다.

SQL> ______________________________

3. 두 테이블을 조인하여 조회한다.

SQL> ______________________________

(2) cross join을 이용하여 2개의 테이블울 조인한다.

[join_new1 테이블]

id	id_name	address
1	a	x
2	b	y
3	c	z

[join_new2 테이블]

no	name	quantity
1	aaa	20
2	bbb	30

4. join_new1 테이블을 생성하고 데이터를 삽입한다.

SQL> ______________________________

5. join_new2 테이블을 생성하고 데이터를 삽입한다.

SQL> ____

6. 두 테이블을 조인하여 조회한다.

SQL> ____

(3) cross join을 이용하여 2의 테이블을 조인한다.

[join_x 테이블]

x축	data
1	3
2	5
3	7

[join_y 테이블]

y축	data
1	9
2	25
3	47

7. join_x 테이블을 생성하고 데이터를 삽입한다.

SQL> ____

8. join_y 테이블을 생성하고 데이터를 삽입한다.

SQL> ____

9. 두 테이블을 조인하여 조회한다.

SQL> ____

(4) 예제를 통해 equi join을 이용하여 2개 이상의 테이블 조인을 실습한다.

[sample_3 테이블]

no	name	year
1	a	2016
2	b	2015
3	c	2017

[sample_4 테이블]

no	subj	grade
1	abc	a
2	def	c

10. sample_3 테이블을 생성하시고 조회하시오.

SQL> ______________________________

11. sample_4 테이블을 생성하시고 조회하시오.

SQL> ______________________________

12. equi join을 이용하여 2개 테이블을 조인하시오.

SQL> ______________________________

13. 2개 테이블에서 id가 같은 테이블의 이름과 과목과 학점을 출력하시오.

SQL> ______________________________

(5) 예제를 통해 equi join을 이용하여 2개 이상의 테이블 조인을 실습한다.

[student 테이블]

no	name	tel
1	a	2016
2	b	2015
3	c	2017

[student 테이블]

no	course	credit
1	c123	3
2	c222	3

14. student 테이블을 생성하고 조회하시오.

SQL> ______________________________

15. score 테이블을 생성하고 조회하시오.

SQL> ______________________________

16. equi join을 이용하여 2개 테이블을 조인하시오.

SQL> ______________________________

【예제 16】 뷰를 생성하는 예를 실습해 본다.

[new_student]

ID	이름
201701	나원일
201702	김상민
201703	정민호

[enroll_course]

ID	과목번호
201701	cs210
201702	cs211
201703	cs212

1. new_student 테이블과 enroll_course 테이블을 각각 생성한다.

   SQL> ______________________________

2. new_student 테이블의 데이터를 삽입한다.

   SQL> ______________________________

3. enroll 테이블의 데이터를 삽입한다.

   SQL> ______________________________

4. 신규신청 뷰를 생성한 후에 조회한다.

   SQL> ______________________________

5. 수강과목_test 뷰를 새로 생성한 후에 신규 데이터를 삽입한다.

   SQL> ______________________________

6. 수강과목_test 뷰를 조회한다.

   SQL> ______________________________

7. 수강과목_test에 신규 데이터 삽입한 후에 수강과목_test 뷰를 조회한다.

SQL>

8. 수강과목_test 뷰를 삭제한다.

SQL>

9. 삭제한 수강과목_test 뷰를 조회한다.

SQL>

【예제 17】 집계함수와 부속질의에 대하여 예제로 설명한다.

[STUDENT 테이블]

sno	sname	year	dept
100	홍길동	4	컴퓨터
200	송순이	3	전기
300	박근태	1	컴퓨터
400	김삿갓	4	컴퓨터
500	나원일	2	산업공학

[COURSE 테이블]

cno	cname	credit	dept	prof
c123	c언어	3	컴퓨터	최준구
c312	자료구조	3	컴퓨터	왕사일
c324	파일처리	3	컴퓨터	조근배
c413	데이터베이스	3	컴퓨터	송박사
e412	반도체공학	3	전자	이박사

[ENROLL 테이블]

sno	cno	grade	midterm	final
100	c413	A	90	95
100	e412	A+	95	95
200	c123	B+	85	85
300	c312	A	90	95
300	c324	C+	75	75
300	c413	A	95	90
400	c312	A	90	95
400	c324	A	95	90
400	c413	B	80	85
400	e412	C	65	75
500	c312	B	85	80

1. group by를 이용한 검색 : 과목 별 기말 평균을 구한다.

SQL> ____________________

2. 과목순서 대로 기말 평균을 구한다.

SQL> ____________________

3. having 조건 : 3명 이상 등록한 과목의 기말 평균을 구한다.

SQL> ____________________

4. 부속 질의를 이용하여 검색 : in을 이용하여 과목 'c413'을 등록한 학생 이름을 조회한다.

SQL> ____________________

5. not in을 이용하여 과목 'c413'을 등록하지 않은 학생 이름을 조회한다.

SQL> ____________________

6. 홍길동과 같은 학과에 속하는 학생의 이름과 학과를 조회한다.

SQL> ____________________

7. ENROLL에서 학번이 500인 학생의 기말 성적보다 좋은 성적을 받은 모든 학생의 학번과 과목번호를 조회한다.

SQL> ____________________

8. exists를 이용하여 과목 'c413'에 등록한 학생의 이름을 조회한다.

SQL> ____________________

【예제 18】 다음의 테이블을 기준으로 하여 집계 함수와 부속질의를 이용하여 조건에 맞는 내용을 조회한다.

[회원 테이블]

회원번호	회원이름	주소	가입일자
100	홍길동	경기 성남	2017/02/03
200	송순이	서울 논현	2016/12/12
300	박근태	경기 성남	2017/02/03

[상품 테이블]

상품명	상품이름	상품가격	재고량
a111	롱코트	2000	5000
b222	블라우스	2500	6000
c333	패딩	1200	5500
d444	치마	5000	5000
e555	바지	3000	6000

[구매 테이블]

회원번호	상품명	구매수량
100	a111	200
100	e555	300
200	b222	200
300	a111	50
300	c333	100
300	d444	55
400	a111	66
400	c333	300
400	d444	25
400	e555	55
500	c333	100

1. group by를 이용하여 회원 별 구매수량의 총 합계를 구하시오.

SQL> ______________________________

2. group by를 이용하여 회원 순서대로 구매 수량의 합계를 구하시오.

SQL> ______________________________

3. having 조건을 이용하여 구매 상품을 2가지 이상 구매한 구매상품의 합계를 구하시오.

SQL> ______________________________

4. 부속질의를 이용하여 상품 'a222'을 구매한 회원이름을 조회하시오.

SQL> ______________________________

5. 상품 'a222'을 구매하지 않은 회원 이름을 조회하시오.

SQL> ______________________________

6. 박근태와 같은 주소에 사는 회원의 이름을 조회하시오.

SQL> ______________________________

7. exists를 이용하여 상품 'a111'를 구매한 회원의 이름을 조회하시오.

SQL> ______________________________

8. not exists를 이용하여 과목 'a111'에 구매하지 않은 회원의 이름과 가입일자를 조회하시오.

SQL> ______________________________

【예제 19】 SELECT 서브쿼리 이용하여 조건에 맞는 내용을 조회한다.

[SAMPLE_X]

no	score
1	90
2	70
3	80
4	30

[SAMPLE_Y]

no	score
1	80
2	20
3	70

1. SAMPLE_X 테이블과 SAMPLE_Y 테이블을 각각 생성하고 데이터를 삽입한다.

SQL> ______________________________

2. SELECT 서브쿼리를 이용하여 각 테이블의 행(Column) 값이 아래와 같이 나오도록 명령어를 수행한다.

table_x	table_y
4	3

SQL> ______________________________

3. SELECT 서브쿼리를 이용하여 각 테이블의 행(Column) 값이 아래와 같이 나오도록 명령어를 수행한다.

X_count	Y_count
4	3

SQL> ______________________________

4. SELECT 서브쿼리를 이용하여 각 테이블의 행(Column) 값이 아래와 같이 나오도록 명령어를 수행한다.

X_column	Y_column
4	3

SQL> ______________________________

【예제 20】 부속질의에 대해 실습해 본다.

(1) DELETE 부속질의를 이용하여 조건에 맞는 내용을 조회한다.

[SAMPLE_X]

no	score
1	90
2	70
3	80
4	30

1. SAMPLE_X 테이블에서 최댓값을 찾은 다음 DELETE 서브쿼리를 이용해서 삭제하시오.

SQL> ______________________________

2. SAMPLE_X 테이블에서 최솟값을 찾은 다음 DELETE 서브쿼리를 이용해서 삭제하시오.

SQL> ______________________________

(2) DELETE 부속질의를 이용하여 조건에 맞는 내용을 조회한다.

[SAMPLE_Y]

no	score
1	80
2	20
3	70

3. SAMPLE_Y 테이블에서 최솟값을 찾은 다음 DELETE 서브쿼리를 이용해서 삭제하시오.

SQL> ______________________________

4. SAMPLE_Y 테이블에서 최댓값을 찾은 다음 DELETE 서브쿼리를 이용해서 삭제하시오.

SQL> ______________________________

(3) DELETE 부속질의를 이용하여 조건에 맞는 내용을 조회한다.

[midterm_score]

no	midterm
1	100
2	50
3	60
4	90
5	87
6	90
7	88

5. midterm_score 테이블에서 최솟값을 찾은 다음 DELETE 서브쿼리를 이용해서 삭제한다.

SQL> ______________________________

6. midterm_score 테이블에서 최댓값을 찾은 다음 DELETE 서브쿼리를 이용해서 삭제한다.

SQL> ______________________________

【예제 21】 서브쿼리에 대해 실습해 본다.

(1) DELETE 서브쿼리를 이용하여 조건에 맞는 내용을 조회한다.

[final_score]

no	final
1	20
2	50
3	90

1. final_score 테이블에서 최댓값을 찾은 다음 DELETE 서브쿼리를 이용해서 삭제하시오.

SQL> ______________________________

2. final_score 테이블에서 최솟값을 찾은 다음 DELETE 서브쿼리를 이용해서 삭제하시오.

SQL> ______________________________

(2) DELETE 서브쿼리를 이용하여 조건에 맞는 내용을 조회한다.

[SAMPLE_YM]

no	final
1	90
2	10
3	80

3. SAMPLE_YM 테이블을 생성하고 데이터를 삽입한다.

SQL> ______________________________

4. SET 서브쿼리(UPDATE와 함께 사용)로 최솟값을 구한 다음 테이블에 최솟값으로 갱신한다.

SQL> ______________________________

(3) SET 서브쿼리를 이용하여 조건에 맞는 내용을 조회한다.

[SAMPLE_YM1]

no	final_1
1	80
2	20
3	90

5. SAMPLE_YM1 테이블을 생성하고 데이터를 삽입한다.

SQL> ____

6. SET 서브쿼리(UPDATE와 함께 사용)로 최댓값을 구한 다음 테이블에 최댓값으로 갱신한다.

SQL> ____

(4) FROM 서브쿼리를 이용하여 조건에 맞는 내용을 조회한다.

[SAMPLE_YM1]

no	final_1
1	80
2	20
3	90

7. FROM 서브쿼리를 이용해서 전체 테이블의 내용을 조회한다. FROM 뒤에 오는 테이블이름을 RESULT 테이블로 지칭한다.

SQL> ____

8. FROM 서브쿼리를 이용해서 전체 테이블의 내용을 조회한다. FROM 뒤에 오는 테이블이름을 RESULT_NEW 테이블로 지칭한다.

SQL> ____

(5) INSERT 서브쿼리를 이용하여 조건에 맞는 내용을 조회한다.

[SAMPLE_YM1]

no	final_1
1	80
2	20
3	90

[SAMPLE_YN]

no	final_new

9. SAMPLE_YN 테이블을 생성한다.

SQL> ______________________________

10. INSERT INTO SAMPLE_YN VALUES를 이용하여 SAMPLE_YM1 테이블의 행 개수를 삽입한다.

SQL> ______________________________

11. INSERT INTO ~ FROM DUAL를 이용하여 SAMPLE_YN 테이블에 각각 상수 1, 2를 삽입한다.

SQL> ______________________________

(6) IN 서브쿼리를 이용하여 조건에 맞는 내용을 조회한다.

[SAMPLE_X3]

no	credit
1	NULL
2	NULL
3	NILL
4	NULL
5	NULL

[SAMPLE_X4]

no	credit
3	1
5	1

12. SAMPLE_X 테이블과 SAMPLE_X4 테이블을 생성하고 각각 테이블의 데이터를 삽입한다.

SQL> ______________________________

13. SAMPLE_X4의 no 컬럼과 일치하는 행을 가진 SAMPLE_X3 테이블의 credit 컬럼에 상수 1을 삽입한다.

SQL> ______________________________

14. SAMPLE_X3 테이블 전체 내용을 조회한다.

SQL> ______________________________

(7) SELECT 서브쿼리 이용하여 조건에 맞는 내용을 조회한다.

[midterm_score]

no	midterm
1	100
2	50
3	60
4	90
5	87
6	90
7	88

[final_score]

no	final
1	20
2	50
3	90

15. midterm_score 테이블과 final_score 테이블을 각각 생성하고 데이터를 삽입한다.

SQL> ______________________________

16. SELECT 서브쿼리를 이용하여 각 테이블의 행(Column) 값을 출력하고 행의 별칭을 아래와 같이 작성한다.

tablex	tabley
7	3

SQL> ______________________________

17. SELECT 서브쿼리를 이용하여 각 테이블의 행(Column) 값이 아래와 같이 나오도록 명령어를 수행한다.

x_column	y_column
7	3

SQL> ______________________________

(8) SET 서브쿼리를 이용하여 조건에 맞는 내용을 조회한다.

[salary_new2]

no	salary
1	5000
2	7000
3	9000

18. salary_new2 테이블을 생성하고 데이터를 삽입한다.

SQL> ______________________________

19. SET 서브쿼리(UPDATE과 함께 사용)로 최댓값을 구한 다음 테이블에 최댓값으로 갱신한다.

SQL> ______________________________

(9) FROM 서브쿼리를 이용하여 조건에 맞는 내용을 조회한다.

[sample_new3]

no	amount
1	2000
2	5000
3	9900
4	6600
5	5400
6	5100

20. FROM 서브쿼리를 이용해서 전체 테이블의 내용을 조회한다. FROM 뒤에 오는 테이블이름을 new_result테이블로 지칭하고 전체 amount의 합계를 조회한다.

SQL> ______________________________

21. FROM 서브쿼리를 이용해서 전체 테이블의 내용을 조회한다. FROM 뒤에 오는 테이블이름을 NEW 테이블로 지칭한다.

SQL> ______________________________

(10) INSERT 서브쿼리를 이용하여 조건에 맞는 내용을 조회한다.

[SAMPLE_test1]

no	final_1
1	80
2	20
3	90

[SAMPLE_test2]

no	new

22. SAMPLE_test2 테이블을 생성한다.

SQL> ______________________________

23. INSERT INTO SAMPLE_YN VALUES를 이용하여 SAMPLE_test2 테이블의 행 개수를 삽입한다.

SQL> ______________________________

24. INSERT INTO ~ FROM DUAL를 이용하여 SAMPLE_test1 테이블에 각각 상수 1, 2를 삽입한다.

SQL> ______________________________

(11) IN 서브쿼리를 이용하여 조건에 맞는 내용을 조회한다.

[SAMPLE_X3_test]

no	credit
1	NULL
2	NULL
3	NILL
4	NULL
5	NULL
6	NULL
7	NULL

[SAMPLE_X4_test]

no	credit
3	1
5	1
7	1

25. SAMPLE_X3_test 테이블과 SAMPLE_X4_test 테이블을 생성하고 각각 테이블의 데이터를 삽입한다.

SQL> ____________________

26. SAMPLE_X4_test의 no 컬럼과 일치하는 행을 가진 SAMPLE_X3_test 테이블의 credit 컬럼에 상수 1을 삽입한다.

SQL> ____________________

27. SAMPLE_X3_test 테이블 전체 내용을 조회한다.

SQL> ____________________

28. IN(SELECT ~) 서브쿼리를 이용하여 SAMPLE_X4_table의 no 값과 동일한 SAMPLE_X3_test의 데이터를 조회한다.

SQL> ____________________

B. SQL 응용 실습 Ⅱ

【예제 1】 다음의 테이블을 참조하여 SQL 구문을 작성하시오.

개체	STUDENT(학생)				
구분	Logical	Physical			
		Column	Data type	Size	Null / Unique
기본키	학번	student_id	varchar2	30	Not Null
외래키					
속성	학생명	student_name	varchar2	20	Not Null
	학년	student_year	number	10	Not Null
	전공	major	varchar2	10	Not Null

개체	Course(과목)				
구분	Logical	Physical			
		Column	Data type	Size	Null / Unique
기본키	과목명	course_name	varchar2	30	Not Null
외래키	과목번호	course_no	number	10	Not Null
속성	학생명	course_credit	varchar2	20	Not Null
	학과	dept	number	10	Not Null
	교수	prof	varchar2	10	Not Null

개체	Enroll(수강)				
구분	Logical	Physical			
		Column	Data type	Size	Null / Unique
기본키	과목번호	course_no	varchar2	30	Not Null
외래키	학번	student_id	number	10	Not Null
속성	학점	grade	varchar2	20	Not Null
	중간고사	midterm	number	10	Not Null
	기말고사	final	number	10	Not Null

1. 학생 릴레이션을 생성하고 기본키는 alter ~ modify로 적용한다.

(1) 릴레이션 생성

SQL> ______________________________

(2) 기본키 적용

SQL> ______________________________

2. 과목 릴레이션을 생성하고 기본키, 외래키는 alter ~ modify로 적용한다.

(1) 릴레이션 생성

SQL> ______________________________

(2) 기본키 적용

SQL> ______________________________

(3) 외래키 적용

SQL> ______________________________

3. 수강 릴레이션을 생성하고 기본키, 외래키는 alter ~ modify로 적용한다.

(1) 릴레이션 생성

SQL> ______________________________

(2) 기본키 적용

SQL> ______________________________

(3) 외래키 적용

SQL> ______________________________

* 위의 테이블과 연계하여 아래의 SQL 구문을 작성하시오.

[Student 테이블]

student_id	student_name	student_year	major
20120100	김기남	4	컴퓨터
20130200	나영삼	3	전자
20170300	송송은	1	컴퓨터
20120400	나기삼	4	전자
20140500	김길재	2	산업공학

[Course 테이블]

course_no	course_name	course_credit	dept	prof
c304	알고리즘	3	컴퓨터	최기재
c223	전산이론	3	컴퓨터	김경숙
c224	소프트웨어공학	3	컴퓨터	강기남
c313	운영체제	3	컴퓨터	나영기
e212	전자회로	3	전자	노기정

[Course 테이블]

student_id	course_no	grade	midterm	final
20120100	c304	A	90	95
20120100	e212	A+	95	95
20130200	c223	B+	85	85
20170300	c304	A	90	95
20170300	c324	C+	75	75
20170300	c223	A	95	90
20120400	c304	A	90	95
20120400	c223	A	95	90
20120400	e212	B	80	85
20120400	c313	C	65	75
20140500	e212	B	85	80

1. 학생 릴레이션의 데이터를 삽입한 후 전체 데이터를 조회한다.

(1) 릴레이션 데이터 삽입

SQL> ______________________________

(2) 릴레이션 데이터 조회

SQL> ______________________________

2. 과목 릴레이션의 데이터를 삽입한 후 전체 데이터를 조회한다.

(1) 릴레이션 데이터 삽입

SQL> ______________________________

(2) 릴레이션 데이터 조회

SQL> ______________________________

3. 수강 릴레이션의 데이터를 삽입한 후 전체 데이터를 조회한다.

(1) 릴레이션 데이터 삽입

SQL> ______________________________

(2) 릴레이션 데이터 조회

SQL> ______________________________

4. 전공이 컴퓨터인 학생의 학번과 이름을 조회한다.

SQL> ______________________________

5. 전공이 컴퓨터가 아닌 학생의 학번과 이름을 조회한다.

SQL> ______________________________

6. 전공이 컴퓨터가 아닌 학생이면서 컴퓨터과목을 수강하는 학생의 학번과 이름을 조회한다.

SQL> ______________________________

7. 알고리즘 과목을 듣는 학생의 수는 몇 명인지를 조회한다.

SQL> ____

8. 운영체제 과목을 듣는 학생의 수는 몇 명인지를 조회한다.

SQL> ____

9. 컴퓨터 학과의 교수가 몇 명인지를 조회한다.

SQL> ____

10. 학번 20120100 학생이 c304 과목 수강신청을 취소하였다. 이 학생에 대한 정보를 변경한다.

SQL> ____

11. c304 과목 수강신청한 사람이 몇 명인지를 조회한다.

SQL> ____

12. 학번이 2013022인 학생이 수강한 과목의 credit의 총합계 조회한다.

SQL> ____

【예제 2】 다음의 테이블을 참조하여 SQL 구문을 작성하시오.

개체	EMPLOYEE(사원)				
구분	Logical	Physical			
		Column	Data type	Size	Null / Unique
기본키	사원번호	emp_id	number	10	Not Null
외래키					
속성	사원이름	emp_name	varchar2	20	Not Null
	주소	address	varchar2	10	Not Null
	평점	score	number	10	Not Null

개체	DEPARTMENT(부서)				
구분	Logical	Physical			
		Column	Data type	Size	Null / Unique
기본키	부서번호	dept_id	number	10	Not Null
외래키	사원번호	emp_id	number	10	Not Null
속성	부서이름	dept_name	varchar2	20	Not Null

개체	Grade(등급)				
구분	Logical	Physical			
		Column	Data type	Size	Null / Unique
기본키	등급	eval_grade	varchar2	10	Not Null
외래키	부서번호	dept_id	number	10	Not Null
속성	점수	eval_score	number	10	Not Null

1. 사원 릴레이션을 생성하고 기본키는 alter ~ modify로 적용한다.

(1) 릴레이션 생성

SQL> ____________________

(2) 기본키 적용

SQL> ____________________

2. 부서 릴레이션을 생성하고 기본키, 외래키는 alter ~ modify로 적용한다.

(1) 릴레이션 생성

SQL> ______________________________

(2) 기본키 적용

SQL> ______________________________

(3) 외래키 적용

SQL> ______________________________

3. 등급 릴레이션을 생성하고 기본키, 외래키는 alter ~ modify로 적용한다.

(1) 릴레이션 생성

SQL> ______________________________

(2) 기본키 적용

SQL> ______________________________

(3) 외래키 적용

SQL> ______________________________

* 위의 테이블과 연계하여 아래의 SQL 구문을 작성하시오.

[EMPLOYEE 테이블]

emp_id	emp_name	address	score
111111	홍길동	경기 성남	2
111112	김삿갓	강남 논현	1
111113	나원일	경기 분당	1
111114	김기남	경기 분당	2
111115	김우영	강남 논현	3
111116	나기삼	경기 성남	3
111117	박병삼	경기 성남	5
111118	김길남	강남 논현	4
111119	안병욱	강남 논현	4

[DEPARTMENT 테이블]

emp_id	dept_id	dept_name
111111	001	영업
111112	001	영업
111113	001	영업
111114	002	마케팅
111115	002	마케팅
111116	002	마케팅
111117	003	연구소
111118	003	연구소
111119	003	연구소

[Grade 테이블]

dept_id	eval_grade	eval_score
001	LOW	4
002	MID	8
003	HIGH	13

1. 사원 릴레이션의 데이터를 삽입한 후 전체 데이터를 조회한다.

(1) 릴레이션 데이터 삽입

SQL> ______________________________

(2) 릴레이션 데이터 조회

SQL> ______________________________

2. 부서 릴레이션의 데이터를 삽입한 후 전체 데이터를 조회한다.

(1) 릴레이션 데이터 삽입

SQL> ______________________________

(2) 릴레이션 데이터 조회

SQL> ______________________________

3. 등급 릴레이션의 데이터를 삽입한 후 전체 데이터를 조회한다.

(1) 릴레이션 데이터 삽입

SQL> ______________________________

(2) 릴레이션 데이터 조회

SQL> ______________________________

4. 부서가 영업인 사원의 이름을 조회한다.

SQL> ______________________________

5. 부서가 영업이 아닌 사원의 이름을 조회한다.

SQL> ______________________________

6. 영업 부서의 평가점수를 조회한다.

SQL> ________________________________

7. 마케팅 부서의 평가점수를 조회한다.

SQL> ________________________________

8. 연구소 부서의 평가점수를 조회한다.

SQL> ________________________________

9. 영업 부서의 평가등급을 조회한다.

SQL> ________________________________

10. 마케팅 부서의 평가등급을 조회한다.

SQL> ________________________________

11. 연구소 부서의 평가등급을 조회한다.

SQL> ________________________________

12. 영업 부서의 인원이 몇 명인지를 조회한다.

SQL> ________________________________

13. 마케팅 부서의 인원이 몇 명인지를 조회한다.

SQL> ________________________________

14. 연구소 부서의 인원이 몇 명인지를 조회한다.

SQL> ____

15. 홍길동 사원이 마케팅 부서로 이동하였다. 홍길동 사원의 정보 변경을 적용한다.

SQL> ____

16. 마케팅 부서에 몇 명인지를 조회한다.

SQL> ____

【예제 3】 다음의 테이블을 참조하여 SQL 구문을 작성하시오.

개체	CUSTOMER(고객)				
구분	Logical	Physical			
		Column	Data type	Size	Null / Unique
기본키	고객번호	cusid	number	1	Not Null
외래키					
속성	고객이름	name	varchar2	20	Not Null
	주소	address	varchar2	10	Not Null
	전화번호	phone	number	10	Not Null

개체	BOOK(서점)				
구분	Logical	Physical			
		Column	Data type	Size	Null / Unique
기본키	서점번호	bookid	number	1	Not Null
외래키					
속성	서점이름	bookname	varchar2	20	Not Null
	출판사	publisher	varchar2	10	Not Null
	정가	price	number	10	Not Null

개체	ORDER(주문)				
구분	Logical	Physical			
		Column	Data type	Size	Null / Unique
기본키	주문번호	orderid	number	1	Not Null
외래키	고객번호	cusid	number	1	Not Null
	서점번호	bookid	number	1	Not Null
속성	판매가격	salesprice	number	10	Not Null
	주문수량	quantity	number	10	Not Null

1. 고객 릴레이션을 생성하고 기본키는 alter ~ modify로 적용한다.

(1) 릴레이션 생성

SQL> ____________________

(2) 기본키 적용

SQL> ____________________

2. 서점 릴레이션을 생성하고 기본키, 외래키는 alter ~ modify로 적용한다.

(1) 릴레이션 생성

SQL> ____

(2) 기본키 적용

SQL> ____

(3) 외래키 적용

SQL> ____

3. 주문 릴레이션을 생성하고 기본키, 외래키는 alter ~ modify로 적용한다.

(1) 릴레이션 생성

SQL> ____

(2) 기본키 적용

SQL> ____

(3) 외래키 적용

SQL> ____

* 위의 테이블과 연계하여 아래의 SQL 구문을 작성하시오.

[CUSTOMER 테이블]

cusid	name	address	phone
1	홍길동	경기 성남	010-1111-2222
2	김삿갓	강남 논현	010-1111-2222
3	나원일	경기 분당	010-1111-2222

[BOOK 테이블]

bookid	bookname	publisher	price
1	행복한 삶	나무	8000
2	IT천국	나무	25000
3	에니메이션	소망	15000
4	그래픽	정직	45000
5	골프전문	숲	20000

[ORDER 테이블]

orderid	custid	bookid	salesprice	quantity
1	1	2	23000	5
2	2	3	13000	10
3	3	1	7000	3
4	3	4	40000	6
5	5	5	15000	8

1. 고객 릴레이션의 데이터를 삽입한 후 전체 데이터를 조회한다.

(1) 릴레이션 데이터 삽입

SQL> ________________________________

(2) 릴레이션 데이터 조회

SQL> ________________________________

2. 서점 릴레이션의 데이터를 삽입한 후 전체 데이터를 조회한다.

(1) 릴레이션 데이터 삽입

SQL> ______________________________

(2) 릴레이션 데이터 조회

SQL> ______________________________

3. 주문 릴레이션의 데이터를 삽입한 후 전체 데이터를 조회한다.

(1) 릴레이션 데이터 삽입

SQL> ______________________________

(2) 릴레이션 데이터 조회

SQL> ______________________________

4. 홍길동 고객이 주문한 책 제목이 다른 책을 몇 권 구입했는지 조회한다.

SQL> ______________________________

5. 전체 수량 10권 이상 구입한 고객을 조회한다.

SQL> ______________________________

6. 나원일 고객이 주문한 책의 출판사를 조회한다. 중복일 경우에는 한 번만 조회한다.

SQL> ______________________________

7. 김삿갓 고객이 주문한 책의 출판사를 조회한다. 중복일 경우에는 한 번만 조회한다.

SQL> ______________________________

8. 나무 출판사에서 몇 권을 팔았는지 조회한다.

SQL> ____

9. 숲 출판사에서 몇 권을 팔았는지 조회한다.

SQL> ____

10. 홍길동 고객이 주문한 책 이름을 조회한다.

SQL> ____

11. 김삿갓 고객이 주문한 책 이름을 조회한다.

SQL> ____

【,】

, 63

【-】

\- 60

【1】

1:1 51

1:1 관계 50

1:N 51

1:N 관계 50

【A】

Access 52

ADABAS 51

ADD_MONTHS 171

ALTER 28

Alter table 14

alter table 28

alter table key_test 68

AS 35

Auto COMMIT 37, 38

AVG 178

【B】

BETWEEN AND 152

【C】

Cascade 44

CEIL 163

CHECK 67

cmd 21

CODASYL 52

COMMIT 37, 148

COMMIT; 41

CONCAT 169

COUNT 178

CREATE 28, 44

CREATE TABLE 28, 34, 38

Create table 14

create table 105

create table key_test 68

CREATE 명령어 103

CREATE VIEW 36

CROSS JOIN 139

Cross Join 63

【D】

Data Definition 12

Database 11g Enterprise/Standard Editions 18

DB2 52

DBAdmin2010 22

DBMS 14, 15

DCL 37

DDL 37

DDL 명령어 103

DEFAULT 67

DELETE 30, 31, 32, 37, 133

DELETE FROM 33

DELETE 서브쿼리 184

desc key_test; 68

deso 29

DML 37

DMS-II 51

DROP 28, 30

DROP TABLE 42

Drop table 14

DROP VIEW 147

DROP 명령어 104

【E】

E-R 49, 50

E-R 모델 51

Entity(개념)-Relationship(관계) 49

EQUI JOIN 141

Except 60

EXISTS 서브쿼리 188

【F】

FLOOR 163

FORCE 146

Foreign Key 66, 67

FROM 서브쿼리 185

【G】

GRANT 42, 43, 44

【H】

HR 20

[I]

IMS 51
IN 152
IN 서브쿼리 191
INITCAP 165
Inner Join 65
INSERT 31, 37, 44, 128
INSERT INTO 31, 32, 35, 39, 41
INSERT 명령어 104
INSERT 서브쿼리 186
INSERT INTO 36
INSTR 167
Intersect 62

[J]

Join 63, 139

[L]

LAST_DAY 172
LENGTH 166
LENGTHB 166
LOWER 165
LPAD 167
LTRIM 168

[M]

Maria 52
MAX 178
Microsoft Windows 32bits 18
MIN 178
MOD 164
MONTH_BETWEEN 170
MS SQL Server 52
MySQL 52

[N]

N:M 51
N:M 관계 50
NEXT_DAY 171
NOT EXISTS 서브쿼리 190
NOT NULL 67
NULL 55, 153

[O]

OLAP(Online Analytic Processing) 15
OR REPLACE 146
Oracle 52
Oracle Database 20
Oracle Database 11g Release 2 19
OraDb11g_home1 21
ORDER BY 154

[P]

P.Chan 49
Primary Key 66, 67, 70

[R]

RENAME 28, 29
Rename table 14
Revoke 42, 43, 44, 45
ROLLBACK 37, 38, 39, 40, 149
ROLLBACK TO 39
ROUND 164
RPAD 167
RTRIM 168

[S]

SAVEPOINT 37, 38, 149
SCOTT 20
SELECT 31, 32, 33, 35, 36, 37, 40, 42
SELECT FROM 32
SELECT 명령어 104, 123
SELECT 서브쿼리 182
SET 서브쿼리 185
SQL 27
SQL 명령어 27
SQL 문장 16
Sql*Plus 21
SQL*PLUS 명령어 20
SQL로 릴레이션 생성 및 관리 53
SQL로 연산 53
SQL로 제약 선언 53
SUBSTR 166
SUBSTRB 167
SUM 177
SYS 20
SYSDATE 170
SYSTEM 20, 21, 22

【T】

TCL 37
TCL COMMIT 38
TCL(Transaction Control Language) 148
TO_CHAR 173
TO_DATE 173
TO_NUMBER 173
TRIM 168
TRUNC 164
TRUNCATE 28, 30
Truncate table 14

【U】

Union 59
UNIQUE 67
UPDATE 31, 32, 37
UPDATE/SET 132
UPPER 165

【V】

VIEW 144

【W】

WHERE 124, 155
WITH CHECK OPTION 35

【X】

x 63

【σ】

σ 63, 64

【∩】

∩ 62

【∪】

∪ 59

【▷】

▷◁ 65

【ㄱ】

값에 따라 참조 11
개념 설계 77
개념적 데이터 모델 49
개념적 설계 79
개인용 에디션 17
개인용 에디션(Personal Edition) 15
개체 50
개체 무결성 제약조건(Entity Integrity Constraint) 55, 56
개체와 속성 추출 79
객체 관계 데이터베이스 15
갱신 11
갱신 이상 93
검색 27
계층형 51, 52
계층형 데이터 모델 51
곱집합 63
공용(Shared) 데이터 11
관계 대수 59
관계 데이터베이스 27
관계 데이터베이스 구현 53
관계 추출 81
관계대수 53
관계형 51
관계형 데이터 모델 52, 53
교집합 62
구현 77
기본키 속성 49
기본키(Pramary Key) 49, 55

【ㄴ】

날짜 함수 170
내용에 의한 참조 11
네트워크형 51, 52
네트워크형 데이터 모델 52
논리 설계 77
논리 연산자 151
논리적 기능 37
논리적 설계 84

【ㄷ】

단순 뷰 144, 145
대체키(Alternate Key) 55
데이터 독립성 13
데이터 모델 14
데이터 모델링 49
데이터 웨어하우스 15
데이터 정의 12

데이터 정의어(DDL : Data Definition Language) 13, 27, 28
데이터 정의어(DDL, Data Definition Language) 14
데이터 제어어 42
데이터 제어어(DCL : Data Control Language) 27
데이터 조작어 13
데이터 조작어(DML : Data Manipulation Language) 27
데이터 조작어(DML,Data Manipulation Language) 14
데이터 파일 관리 12
데이터베이스 11, 13, 15
데이터베이스 관리 시스템(DBMS : Database Management System) 13, 14
데이터베이스 관리자 13
데이터베이스 관리자(DBA : Database Administrator) 13
데이터베이스 권한 20
데이터베이스 사용자 13
데이터베이스 스키마 13, 14
데이터베이스 시스템 12, 13
데이터베이스 언어 27
데이터베이스 접속 20
데이터베이스 정의 14
데이터베이스 조작 14
데이터베이스 표준 언어 27
데이터의 내용 11
데이터의 논리적 구조 13

【ㄹ】

릴레이션 스키마(Relation Schema) 54
릴레이션 인스턴스(Relation Instance) 54
릴레이션(Relation) 53, 54, 55

【ㅁ】

마름모 관계 49
무결성 제약조건 67
문자 함수 165
물리 설계 77
물리적 데이터 독립성 13
물리적 설계와 구현 88

【ㅂ】

변경 32
변수 49
복합 뷰 144, 145
부속 질의_서브쿼리 181
뷰 강제 생성 146
뷰 관리 146
뷰 삭제 147
뷰 생성 34
뷰 수정 146
뷰(Views) 27, 36
비교 연산자 150
비절차적언어 59
비정규화 테이블 97

【ㅅ】

사각형 개체 49
삭제 11, 27, 30, 32, 37
삭제 이상 94
삽입 11, 31, 34, 35, 36
삽입 이상 93
생성 36
선 연결, 링크 49
선택 63
설계 생명주기 77
속성(Attribute) 54
수정 27
숫자 함수 163
슈퍼키(Super Key) 55

【ㅇ】

엔터프라이즈 에디션(Enterprise Edition) 15
연산자 37
연속(Sequence) 27
오라클 11g SQL*PLUS 21
오라클 DBMS 15, 20
오라클 계정 20
오라클 서버 15, 16
오라클 인스턴스 15, 16
오라클 홈페이지 17
오라클11g personal edition 17
온라인 트랜잭션 처리(OLTP, Online Transaction Processing) 15
외래키 71
외래키(Foreign Key) 55

요구 사항 분석 77
요구사항 분석 78
용어(Terminology) 11
운영(Operational) 데이터 11
운영체제의 파일 시스템 12
응용 프로그래머 13
응용 프로그램 12
이상 현상 93
인스턴스 16
일반 사용자 13
입력 27

【ㅈ】

저장(Stored) 데이터 11
절차(Procedure) 27
절차적언어 59
정규화 97
정보 부재 55
제1정규화 97, 98
제2정규화 97, 98
제3정규화 97, 99
제거 34
제약조건 53
제어 14
조인 65
조회 27, 31, 36, 37
질의 언어(query language) 27
집계 함수 177
집합 37

【ㅊ】

차수(Degree) 54
차집합 60
참조 무결성 제약조건 56, 57
참조 무결성 제약조건(Referential Integrity Constraint) 55
추출 64

【ㅋ】

카디날리티(Cardinality) 54
키(Key) 55

【ㅌ】

타원, 원 속성 49
테이블 생성 105
테이블 속성 변경 110
테이블 열 추가 113
테이블 이름 변경 116
테이블 제거 114
테이블 행 제거 117
테이블(Table) 27
통합(Integrated) 데이터 11
튜플(Tuple) 54
트랜잭션 148
트랜잭션 제어어 37
트랜젝션 처리어(TCL : Transaction Control Language) 27

【ㅍ】

표준 에디션 15
표준 에디션 1(Standard Edition One) 15

【ㅎ】

함수 종속 95
합집합 59
형 변환 함수 173
후보키(Candidate Key) 55

데이터베이스 스타트업

지 은 이 | 문혜경

펴 낸 이 | 김형근

펴 낸 곳 | 도서출판 기한재

주 소 | 경기도 파주시 회동길 56 (파주출판도시)

전 화 | 031)955-0900~2

팩 스 | 031)955-0100

등 록 | 1990년 3월 15일 제2-968호

발 행 | 2021년 8월 20일 1판 2쇄

정 가 | 18,000원

Published by Kihanjae Co.

ISBN 978-89-7018-783-9

http://www.kihanjae.com

E-mail : kihanjae@hanmail.net